Boierii minții

**Intelectualii români
între grupurile de prestigiu
și piața liberă a ideilor**

Sorin Adam
Matei

Brașoveanul Sorin Adam Matei a absolvit Facultatea de Istorie a Universității din București în 1991. A studiat apoi la Școala de Diplomație și Drept Fletcher a Universității Tufts din Boston (MA în 1994) și și-a luat doctoratul în științele comunicării (sociologia culturii și mass-mediei) în 2001 la University of Southern California din Los Angeles. În prezent, predă la Universitatea Purdue din Indiana.

A publicat articole științifice în *Journal of Communication, Communication Research, American Behavioral Scientist, Problems of Post-Communism*. Studiile sale s-au orientat, în ultimii ani, spre sociologia Internetului în comunitățile urbane și spre cea a relațiilor de telecomunicații dintre națiuni.

Boierii minții

Intelectualii români între grupurile de prestigiu și piața liberă a ideilor

Sorin Adam Matei

compania

Macheta și realizarea : compania

Ilustrația copertei : Arthur Segal (1875, Iași-1944, Londra) – *Der Redner* (*Oratorul*), 1912, ulei pe pînză, 68 x 88 cm, Muzeul de artă din Emden (Germania)

Redactarea : Adina Keneres

Procesare computerizată : Iuliana Lincan

Corectură : Mihaela Popescu

Procesare filme : Fingerprint

Tipărit la Print Multicolor Iași

Descrierea CIP a Bibliotecii Naționale a României
MATEI, SORIN ADAM
   Boierii minții : intelectualii români între grupurile
de prestigiu și piața liberă a ideilor / Sorin Adam Matei -
București : Compania, 2004
   Bibliogr.
   216 p. ; 20 cm. - (AltFel)
   ISBN 973-8119-81-2

821.135.1-32

© compania, 2004, 2007

Str. Tuberozelor Nr. 9, Sector 1, 011411 București
Tel : 223 23 28 Fax : 223 23 25
Departamentul difuzare Tel. : 223 23 37 Fax : 223 23 24
e-mail : compania@rdslink.ro
www.compania.ro

Cuprins

Cuvînt înainte

olumul de față își propune să analizeze rolul intelectualului român în trecut și astăzi. Abordarea este sociologică și istorică, nu lipsită de sugestii dinspre antropologia culturală și istoria ideilor.

Termenul «intelectual» are aici un înțeles bine definit. El se referă la elita umanistă și științifică de notorietate, care influențează, direct sau indirect, viața culturală, politică și ideologică din România. E vorba de majoritatea scriitorilor, eseiștilor, jurnaliștilor și editorilor de renume (de exemplu, Octavian Paler, Ana Blandiana, Ion Cristoiu, Cornel Nistorescu, Cristian Tudor Popescu, H.-R. Patapievici, Gabriel Liiceanu, Silviu Lupescu etc.), de segmentul de vîrf al intelectualității academice, indiferent de specialitate (Eugen Simion, Andrei Marga, alți rectori și administratori universitari cunoscuți), dar și de acei politicieni care și-au făcut un nume prin capital cultural (George Pruteanu, Adrian Păunescu, Corneliu Vadim Tudor, Emil Constantinescu, Răzvan Theodorescu etc.). Aceste nume reprezintă doar cîteva repere – lumea pe

care o am în vedere e diversă și acoperă întreg teritoriul ro-
mânesc. Termenul «intelectual» nu vizează deci toate persoa-
nele cu studii superioare din România. Cei de care se ocupă
această carte – agenți de influență în spațiul public – au o
funcție similară cu cea a intelectualilor publici (*public intellec-
tuals*) din America și îi compar, de altfel, cu ei în eseul de des-
chidere, «Secretul sănătății sociale». Acest segment al inte-
lectualității românești se află sau dorește să se afle în preajma
puterii (universitare, culturale ori politice) sau să manevreze
pîrghiile ei. Subliniind această caracteristică, dezvălui, de fapt,
caracterul ofensiv al volumului. Cum se organizează intelec-
tualii români pentru a accede la pîrghiile puterii ? Ce tipuri
de relații sociale cimentează aceste grupuri ? Ce ideologii și
ce idei le animă ? Care sînt rădăcinile istorice ale acestor
grupuri și idei ? Ce efecte au ele asupra vieții publice în Ro-
mânia, văzută, totuși, ca o societate modernă și europeană ?

Grupurile intelectuale de putere din România se struc-
turează în «grupuri de prestigiu». Ele duc mai departe domnia
lumii tradiționale, aristocratice și instaurează o stare socială
pe care eu o numesc «paramodernă», cu un picior în trecut
și unul în prezent. Această lume e împărțită între «boierii min-
ții» – intelectualii publici – și restul populației, intelectuală sau
nu. În centrul ei se află ideea de «predestinare» și «alegere»,
consacrată de privilegii dobîndite prin «chemare» sau «naște-
re» (simbolică) în casta intelectuală.
Grupul de putere și de influență intelectuală este struc-
turat în jurul prestigiului membrilor. Prestigiul, deși susținut
prin admirația publică, nu este neapărat cîștigat prin mijloace
«democratice» ori prin jocul pieței, ci este generat prin acce-
sul privilegiat la resurse intelectuale, aură și prin «iluminare».
În volumul de față descriu cum funcționează concret un

grup de prestigiu, analizînd modul în care Gabriel Liiceanu, folosind faima «grupului de la Păltiniș», l-a «confirmat» și lansat cultural pe H.-R. Patapievici. În context arăt felul în care grupurile de prestigiu folosesc și exploatează mecanismele pieței, contribuind astfel la deformarea generală a re-modernizării lumii românești de după 1989.

Dincolo de funcționarea vieții culturale contemporane, cartea își propune să identifice tendințe durabile ale universului intelectual românesc. Alături de personalități din prezentul imediat, analiza îi prezintă, ca martori (C. Dobrogeanu-Gherea) ori ca înaintași (N. Bălcescu, C.A. Rosetti, Titu Maiorescu etc.), pe cîțiva importanți intelectuali români. Cinci eseuri (despre pașoptism, junimism, intelectuali ca leac pentru boala «formelor fără fond», C. Dobrogeanu-Gherea, români și globalizare) încearcă să demonstreze că dilemele culturale din prezent au rădăcini și în bunele intenții din trecut. Fascinația intelectualilor români pentru controlul și manipularea puterii – fără a fi originală – este legată de rolul pe care intelectualii l-au jucat în modernizarea țării. Închistarea lor în grupurile de prestigiu se datorează faptului că, pentru o vreme, ei au fost singura forță socială care a contat în România. Intelectualii au transformat această insularitate într-un cod social, preluînd idei despre cum «trebuie organizată lumea» (ierarhic, elitar) atît de la predecesorii lor, boierii, cît și de la contemporanii lor vest-europeni, mai ales de la romantici și pozitiviști. Cercetînd ideile pașoptismului și ale junimismului, arăt că aceste mișcări de idei, deși promovau aparent o viziune modernă despre organizarea socială și politică, ce punea accent pe valori ca libertatea și egalitatea, au sprijinit în același timp idealuri politice naționaliste sau tehnocratice, apte să ducă la elitism și grupuri închise.

Cuvînt înainte

La pașoptiști, conceptul de « geniu » și cel de « individualitate » se confundă, individul putînd fi numai de geniu. Individul de rînd contează mult mai puțin decît cel de geniu în determinarea soartei națiunii. Mai mult, pentru că individul de geniu este o altă imagine a națiunii, a poporului, ideea de individualitate, în fapt, este golită de conținut. În ultimă instanță, individualismul pașoptismului − în măsura în care el există − este o altă mască pentru colectivism. Națiunea, și nu individul, este « polul tare » al lumii romantice pașoptiste ; națiunea, și nu individul, este adevăratul obiect al progresului și al fericirii generale. Astfel, pașoptiștii au fost cei care au pus în circulație ideea că națiunea română este în mod tragic împărțită în două grupuri : masa « celor de rînd » și micul grup de « eroi » (politici, militari sau intelectuali).

Cu toate că ideea de individualitate este deturnată de la înțelesurile sale originare în discursul pașoptist, generația modernizării de la 1848 nu se sfiește să facă uz de ea în eșafodajul ei politico-social. Individualitatea ca produs al geniului este văzută prin prisma unui etos de « erou civilizator ». Indivizii sînt identificați cu liderii excepționali, îndeosebi cu cei militari, precum Mihai Viteazul. Regimul excepțional al existenței liderului îl pune pe acesta deasupra și dincolo de controlul și înțelegerea maselor, ceea ce conduce nemijlocit la o concepție elitistă despre organizarea socială : pentru ca o națiune să reușească în istorie, ea are nevoie de lideri excepționali, ce se situează mult deasupra poporului. Pașoptiștii cred despre ei înșiși că au înzestrarea și menirea cuvenite.

Junimismul, deși critică pașoptismul, este elitist la rîndul lui. El militează, adoptînd un ideal intelectual pozitivist, pentru o lume condusă de specialiști și de inși cultivați, independenți economic. Junimiștii se percep ca un grup ales în viața politică și socială a României, chiar dacă, într-un chip mai modest, își asumă numai rolul de specialiști. Conservatorismul junimist este, în fapt, o variantă de liberalism elitist, care îi privilegiază pe intelectuali.

Nu pun în cauză aici dreptul pașoptismului ori al junimismului de a-și fi atribuit rolul de frunte în procesul de modernizare a țării. Mi se pare însă util să discut critic modul în care cele două grupuri s-au raportat la restul populației, încercînd să analizez mai ales în ce măsură idealurile elitiste au deformat idealurile moderne, cu precădere liberale, pe care ambele grupuri pretindeau că le promovează. O atenție specială este acordată transpunerii elitismului în termeni instituționali. Cel puțin înainte de 1945, grupul intelectualilor, indiferent de ideologie, a reclamat un acces privilegiat la pîrghiile statului. Pentru a-și consolida puterea, acest grup a căutat să întărească statul și birocrația sa, ceea ce a slăbit societatea civilă. Mai mult, elita politică a devenit dependentă de stat și de instituțiile lui. Pornind de la C. Dobrogeanu-Gherea, demonstrez că teoriile autojustificatoare ale fondatorilor gîndirii socio-intelectuale românești au dus la naturalizarea monopolului în arena socio-politică. Alegerea lui Gherea ca obiect de studiu nu este întîmplătoare. Fără să fiu marxist, am găsit în Gherea o foarte interesantă mostră de dialog interideologic, între stînga și dreapta politică românească. Iar în eseul «O poveste românească despre globalizare» folosesc acest tip de discurs dialogic ca model pentru discursul despre modernizare în general. Un ultim eseu teoretic, consacrat structurii intelectuale a operei lui Pătrășcanu, arată că aceasta se înscrie pe linia unui stalinism clasic, iar nu pe cea a proto-revizionismului marxist, cum s-ar putea crede.

În sfîrșit, în eseul «Sinecură și individualism: un nou etos românesc» încerc să expun modul în care societatea românească recentă a adoptat un ideal de viață care pune aspectul privat al existenței pe primul plan, reducînd astfel potențialul de acțiune civică.

Cartea de față este rodul cîtorva ani de meditație socială și istorică și nu dorește să fie un exercițiu pur academic. Dimpotrivă, ideal ar fi ca ea să redeschidă o discuție care traversează granițele diverselor specializări și grupuri despre rolul intelectualității române în societatea contemporană. Concepută în primul rînd pentru publicul larg, dornic să înțeleagă cum funcționează lumea intelectuală din România, ea nu i-a pierdut însă nici o clipă din vedere nici pe colegii sociologi și istorici, pe studenți ori doctoranzi, profesori și cercetători pentru care problemele culturii sînt un autentic domeniu de studiu.

Sorin Adam Matei
martie 2004

Secretul
sănătății sociale

ntre 1991 și 2003 am locuit în patru țări și opt orașe. Am schimbat treisprezece locuințe și am avut cam tot atîtea numere de telefon. Am ținut însă cît de cît, pentru o bună bucată de vreme, legătura cu cîțiva prieteni din România. Foști colegi de liceu, aceștia sînt membrii unui anume «grup de prestigiu» intelectual românesc : «grupul de la Brașov», creat prin acțiunea carismatică a lui Alexandru Mușina pe la începutul anilor '80[1]. Nu vreau să spun cu asta că îmi arog vreun merit sau că apreciez acest grup mai mult decît altele, și nici că-l pun pe vreun piedestal pe Alexandru Mușina, pe care îl respect, știind că are hibele lui, ca mine și ca orice alt pămîntean. Nici nu reprezint vreo «diaspora» sau vreun «exil» – peripețiile mele personale au fost voluntare și, cred, benefice mie. Recapitulez datele de pornire doar pentru a introduce în discuție ideea de «grup de prestigiu»[2]. Cu ajutorul ei voi încer-

---

[1] Alexandru Mușina – «Cuvente den bătrîni. Să devii ceea ce ești», *Interval*, 10/1999, disponibil la http://members.tripod.com/interval/10-99/.

[2] Analiza care urmează este generală, referindu-se la grupurile centrale de prestigiu din România, în special din Capitală. În ceea ce privește «grupul de la Brașov», acesta cred că a «involuat», din fericire, de la statutul de grup de prestigiu către cel de grup de prieteni, alcătuit din individualități bine conturate, cu propriile lor traiectorii sociale ori culturale.

ca să explic unele dintre problemele sociologice cu care se confruntă cultură română. Care sînt formele, sociale în special, caracteristice grupurilor intelectuale care animă producția de idei din România ? Cum sînt generate aceste forme și care este raportul lor cu lumea românească, în general ?

Un grup de prestigiu este o formă elementară de viață socială. Folosesc acest termen cu un înțeles sociologic precis, inspirat de ideea lui Max Weber despre « grupurile de status » (*Stand*)[3]. Vreau, de asemenea, să sugerez astfel că intelectualii români se află într-o stare « paramodernă », care combină trăsături de organizare socială tradiționale (corporatiste) cu elemente moderne[4]. Voi compara acest tip de sociabilitate cu aceea specifică societăților aflate într-o fază « tîrzie » de modernizare, structurate în clase, de pildă, cu cea din SUA. Voi folosi mediul american ca « tip ideal », nu ca model nor-

---

[3] Max Weber - *The Theory of Social and Economic Organization* (trad. Talcott & Henderson Parsons), vol. 1, Oxford University Press, New York, 1947, p. 424.

[4] Termenul « paramodern » indică aici un tip de organizare socială care, deși modernă în esență, amestecă structurile moderne cu cele tradiționale. Distincția dintre « tradițional » și « modern » se suprapune celei dintre « vechiul regim » și lumea raționalizată de după revoluțiile sociale și intelectuale ale secolelor al XVII-lea și al XVIII-lea. Vechiul regim, așa cum îl descrie Tocqueville, este despărțit de lumea modernă prin convingerea că societatea este împărțită în vaste « ocoale », în care grupurile sociale (nobili, țarani, orășeni etc.) sînt închise și trăiesc relativ « izolate » unele de altele (adică mobilitatea socială nu este încurajată). Distanța socială este menținută prin credința că grupurile sociale sînt caracterizate de diferențe ontologice consacrate de o ordine divină sau simbolică de tip ierarhic. Vezi Alexis de Tocqueville – *Despre democrație în America* (trad. Claudia Dumitriu), Editura Humanitas, București, 1995.

mativ, pentru că, așa cum voi arăta spre sfîrșitul acestui articol, societatea intelectuală americană nu este exclusiv o societate structurată în clase ; grupurile de prestigiu există și aici și își au rolul lor.

Ipoteza mea centrală este aceea că grupurile de prestigiu caracterizează societățile paramoderne, printre care se află și cea românească. Aceste societăți normează participarea la cîmpul cultural, omologînd « calitatea », valoarea de intelectual. În societatea modernă (mai ales în etapa sa « tîrzie »[5]), intelectualul se află, de obicei (dar nu întotdeauna), agregat într-o situație de clasă, ocupîndu-și poziția și reclamîndu-și drepurile sociale prin cerere și ofertă. În situația de clasă, individul este autonom și separat de ceilați membri ai societății, participarea la viața colectivă făcîndu-se în funcție de « cantitatea » de bunuri intelectuale produse sau deținute și de valoarea lor pe piața culturală.

Ce se înțelege însă prin cel mai important termen pe care îl folosesc în demonstrația mea, acela de « grup de prestigiu » ? În mod concret, într-un astfel de grup, membrii sînt prinși într-o rețea de valori și relații sociale care le dau identitate prin raportare la un grup de prieteni, maeștri, idei și valori fixe. Un grup de prestigiu este, prin definiție, închis[6]. Accesul și participarea la el se fac prin inițiere și ritualuri

---

[5] Folosesc aici accepțiunea termenului în forma lansată de Giddens. Vezi Anthony Giddens – *The Consequences of Modernity*, Stanford University Press, Stanford, 1990 ; *Modernity and Self-Identity : Self and Society in the Late Modern Age*, Stanford University Press, Stanford, 1991.

[6] Vezi definiția de « grup închis » la Weber, în David B. Grusky – *Social Stratification : Class, Race, and Gender in Sociological Perspective*, Social Inequality Series, Westview Press, Boulder, 1994.

(ucenicie, adunări închise, profesiuni de credinţă etc.). În plus, purtînd blazonul grupului, membrii săi sînt recunoscuţi de alte grupuri, aliate sau rivale. Aceasta îi ajută sau îi împiedică să-şi facă drum în societate. Grupurile de prestigiu sînt specifice zonei sociale « paramoderne » pentru că, deşi funcţionează într-o lume, în esenţă, modernă (raţionalizată, seculară, egalitară – cel puţin la suprafaţă), se alimentează din valori ale societăţii tradiţionale (medievale) : onoarea, « alegerea » şi « predestinarea » socială. Ele se înscriu pe aceeaşi traiectorie social-istorică pe care se află societăţile secrete şi înalta societate din secolul al XIX-lea, cu trupul în modernitate, dar cu sufletul în lumea apusă a « marii înlănţuiri a fiinţării » descrisă de Lovejoy[7], în care fiecare grup este văzut ca entitate diferită şi separată ontologic de celelalte.

Conform acestui model sociologic, criteriile de admitere în grup sînt subiective şi prescriptve : eşti ceea ce eşti pentru că ai anumite caracteristici presupus înnăscute sau pe care le-ai căpătat printr-un botez şi le exprimi apoi printr-un anumit comportament ori mod de viaţă[8]. Caracteristicile sînt prescriptive pentru că, odată dobîndite, nu pot fi revocate printr-un simplu *fiat* administrativ.

---

[7] Arthur O. Lovejoy – *The Great Chain of Being : A Study of the History of an Idea*, Harvad University Press, Cambridge, 1936.

[8] Max Weber – *From Max Weber : Essays in Sociology* (trad. H.H. & Mills Gerth, C.W.), Oxford University Press, New York, 1946, pp. 428-429.

Profeți și genii

Grupurile de prestigiu nu sînt nici accidente istorice și nici produsul unei conspirații, ci doar niște caracteristici structurale ale unor societăți date. Deși relativ dominante în prima fază a modernității (cuprinsă, cu variații locale, între sfîrșitul secolului al XVIII-lea și începutul secolului XX) în Europa Occidentală, ca un compromis între societatea tradițională și cea modernă, grupurile de prestigiu au rămas un element de structură socială contemporană mai ales în societățile închise, tradiționale sau moderne, autoritare sau comunitare cu puternice ierarhii sociale. Printre ele se numără regimurile autoritare din Asia și Africa sau cele comuniste și postcomuniste din Europa de Est. Aceste societăți cultivă ideea de «ordine naturală» (fiecare trebuie să-și știe locul său în lume) și creează o mentalitate de subordonare și de merit acordat, nu cîștigat, pentru a accede la poziții superioare în colectivitate. Pentru apariția acestor grupuri, un factor favorizant, deși nu determinant, este penuria de mijloace și resurse productive, inclusiv în ceea ce privește producția de idei și de capital intelectual. Datorită fie lipsei de bunuri și instituții culturale, fie abundenței de persoane educate care nu pot participa la viața colectivă așa cum le-ar permite «calificarea» lor, se naște o stare de sărăcie a resurselor indispensabile valorificării și reproducerii talentelor acestor grupuri. Această «sărăcie» facilitează crearea de monopoluri intelectuale, care constituie infrastructura materială (deși nu și cea spirituală) necesară nașterii grupurilor de prestigiu. Monopolurile sînt transformate în arme și armuri de protecție împotriva altor grupuri intelectuale sau a ierarhiei social-politice.

Acestea sînt cauzele exogene ale grupurilor de prestigiu. Endogen, structura spirituală a grupurilor de prestigiu își are

originea în ideea de « carismă ». Carisma este o formă elemen-
tară de relație socială, în esență, nerațională. Ea structurează
grupul în « aleși » și « suporteri », primii fiind înzestrați cu cali-
tăți sau talente supraomenești (înțelepciune, sfințenie, farmec,
curaj), presupus înnăscute, capabile să inspire și să mobilizeze
pe cei din urmă. O multitudine de activități umane pot intra
în domeniul carismei (Weber menționează războiul, divinația,
politica), dar activitatea intelectuală este, probabil, cea mai ușor
de « recunoscut » ca un dar înnăscut, mai ales atunci cînd este
asociată cu activitatea artistică. Cum actele intelectuale sînt în
esență « creatoare » (ele inventează situații și modele ale realității
acolo unde, pînă în acel moment, nu era « nimic »), ele sînt
adesea văzute ca extraordinare. Este mai ales cazul creațiilor ar-
tistice în care personaje și evenimente inexistente sînt inven-
tate cu verosimilitatea unui lucru real. De aceea, originea operei
de artă este în multe culturi văzută sub specia extraordinarului
și a înzestrării personale carismatice a artistului.

Grupurile de prestigiu se agregă în jurul carismei pentru
a menține ideea artei ca act extraordinar. În culturile domi-
nate de grupuri de prestigiu, educația însăși este direcționată
în așa fel încît să satisfacă această credință, mai ales pentru că
educația nedirijată (oficială sau neoficială) ar putea eroda ro-
lul carismei în legitimarea ierarhiilor sociale, împrăștiind da-
rurile « aleșilor » mulțimii. Prin urmare, tendința naturală a
grupurilor de prestigiu este ori de a monopoliza actul inte-
lectual și educațional însuși, ori de a nega capacitatea insti-
tuțiilor democratice, cu precăderea pieței și a educației
susținute de piață, de a consacra noi intelectuali aleși[9]. În

---

[9] Pierre Bourdieu și Randal Johnson (ed.) - *The Field of Cultural
Production : Essays on Art and Literature*, Columbia University Press,
New York, 1993.

contextul grupurilor de prestigiu, actul intelectual devine deplin și efectiv (deci, carismatic) numai dacă are loc într-un grup consacrat. Cei care îl execută trebuie să fie confirmați de grup în urma unui proces de inițiere și de schimbare a identității. În procesul de achiziție a unei noi identități, intelectualul este purificat și i se atribuie caracteristici carismatice proprii. Deși pînă la « botez », nu i se recunoște nici o calitate intrinsecă, după « descoperire », membrul capătă dreptul la un anumit « talent », o caracteristică unică, superioară, care îl desparte de ceilalți pămînteni în chip ontologic. Acest talent nu poate fi cultivat, el este doar descoperit, iar descoperirea este socială, este recunoaștere, ea nu poate fi autodescoperire. Weber afirmă că pretenția carismatică se spulberă dacă talentul nu este recunoscut de ceilalți[10]. De unde și puterea grupului de a conferi identitate.

Poziția privilegiată pe care o oferă grupul unui membru al său, recunoașterea « talentului » îi acordă acestuia dreptul de a fi unic, de a fi un individ. Desigur, este și o contradicție aici, căci aderarea la grup presupune pierderea individualității, uniformizare și acceptarea unui model. Dar identitatea nu este la fel de importantă *în interiorul grupului* pe cît este în *exteriorul* său, în competiția cu alte grupuri și, mai ales, în prezentarea în fața posibililor admiratori, cunoscători (diletanți), « suporteri ». Așa cum spuneam, nu există carismă fără recunoașterea ei, iar « suporterii » sînt absolut necesari pentru întreținerea ei. Conform modelului lui Bourdieu pentru viața culturală paramodernă, participarea la grup se bazează pe stabilirea unui anume tip de monopol simbolic.

---

[10] Max Weber – *From Max Weber : Essays in Sociology*, op. cit., p. 246.

Cazul H.-R. Patapievici

Ascensiunea meteorică, urmată, la cîțiva ani distanță, de o contestare vehementă, a cunoscutului autor de eseuri filosofice Horia-Roman Patapievici mi se pare un teren potrivit de analiză a fenomenului grupurilor de prestigiu în România. Cazul Patapievici permite investigarea modului în care se «nasc» cei cu aspirații intelectuale «superioare»[11]. H.-R. Patapievici, acum un faimos personaj cultural și politic, a răsărit pe scena românească într-un mod foarte interesant, care a combinat mecanismele pieței și ale culturii de senzație cu cele ale grupurilor de prestigiu. De formație fizician, la data lansării sale în lumina reflectoarelor autor al unui volum de eseuri, *Cerul văzut prin lentilă*[12], Patapievici a devenit cunoscut publicului larg pentru că ar fi fost ținta supravegherii serviciilor secrete românești în februarie 1995. Un anume căpitan Soare i-ar fi interogat pe vecinii săi de bloc, menționînd că interesul său era legat de posibile tranzacții financiare ilegale[13]. Patapievici și prietenii săi, în

---

[11] În același sens vezi și ideea de «etos intelectual», propusă de Virgil Nemoianu în *România și liberalismele ei : atracții și împotriviri*, Editura Fundației Culturale Române, București, 2000. Importante sînt și analizele lui Caius Dobrescu consacrate «rezistenței prin cultură», mai ales «Povestea celor trei triburi», «Rezistența prin cultură și conservatorismul postbelic», «Conflict și diversitate în istoria intelectuală a naționalismului românesc», din volumul *Inamicul impersonal*, Editura Paralela 45, Pitești, 2001.

[12] H.-R. Patapievici – *Cerul văzut prin lentilă*, Editura Nemira, București, 1995.

[13] V.G. Băleanu – *A clear and present danger to democracy : the new Romanian security services are still watching* (pagină de Web), Federation

special cei de la Grupul pentru Dialog Social, susțin însă că motivația reală ar fi fost un virulent eseu împotriva președintelui României, Ion Iliescu, și că ofițerul lucra pentru serviciul de pază și protocol al președinției. Grupul pentru Dialog Social, al cărui membru relativ necunoscut la acel moment era Patapievici, a organizat imediat o conferință de presă, denunțînd renașterea practicilor poliției secrete comuniste. Aceasta a făcut din H.-R. Patapievici un obiect de interes public. Teama multor români că presupusa neutralizare a serviciilor de poliție politică, anunțată de guvernul de stînga care l-a executat pe Nicolae Ceaușescu, a fost strict formală părea acum justificată de lipsa de discreție a căpitanului Soare. Faima lui H.-R. Patapievici a atins însă apogeul după ce acesta a fost îmbrățișat de Gabriel Liiceanu, legatarul celui mai proeminent grup intelectual de prestigiu nemarxist, cel format în jurul lui Constantin Noica. Din variate considerente, Gabriel Liiceanu, la mijlocul anilor '90 unul dintre cei mai importanți organizatori și oameni de afaceri culturali români, a garantat imediat nu numai pentru integritatea și victimizarea, ci și pentru genialitatea lui H.-R. Patapievici. Editura Humanitas, condusă de G. Liiceanu, a publicat prompt două volume de H.-R. Patapievici : *Zbor în bătaia săgeții*[14] și *Politice*[15]. Justificarea publicării volumului *Zbor în bătaia săgeții* o dă G. Liiceanu într-un text pe care îl citește la Tîrgul de carte de la București, la 8 iu-

---

of American Scientists, Intelligence Resource Program, 1995 (citat la 24 aprilie 2003) ; disponibil la http://www.fas.org/irp/world/romania/ csrc12045.htm.

[14] H.-R. Patapievici – *Zbor în bătaia săgeții : eseu asupra formării*, Editura Humanitas, București, 1995.

[15] H.-R. Patapievici – *Politice*, Editura Humanitas, București, 1996.

nie 1995, text tipărit în revista *22* în săptămîna următoare
(nr. 24/278, 14-20 iunie 1995). Acesta poate fi considerat
scînteia ce a aprins întregul foc al faimei lui H.-R. Pata-
pievici. G. Liiceanu începe prin a-şi cere scuze profunde
pentru a-l fi ignorat, pînă atunci, pe H.-R. Patapievici (prima
carte îi fusese publicată de editura rivală Nemira) : « Cum să
îmi iert că în primă instanţă am ratat *rendez-vous*-ul pe care
altcineva mi-l dăduse scoţîndu-mi în faţă ocazia care îţi
purta numele ? Că m-ai surprins somnolent şi nepregătit
pentru această primă întîlnire ? » Urmează o hiperbolică
descriere a valorii lui H.-R. Patapievici. În final, acesta este
văzut ca un profet, ca un mesia cultural român, a cărui
menire este să salveze naţiunea de la dezastru : « Te îmbră-
ţişez, dragul meu Kierkegaard bucureştean. De fapt nu, gre-
şesc spunîndu-ţi că eşti un Kierkegaard al nostru : am să
spun mai degrabă despre Kierkegaard că este un fel de Pata-
pievici danez. Căci ca şi tine Kierkegaard avea conştiinţa
misiunii lui divine : aceea de a-şi trezi compatrioţii. Şi ca şi
în cazul tău compatrioţii l-au batjocorit ; l-au meritat tot
atît de puţin pe cît te merităm noi pe tine ».

Cărţile lui Patapievici au devenit un succes de masă,
deşi criticile aduse volumului său *Omul recent*[16] , în 2002, au
pus în discuţie faima şi calitatea operei sale[17]. Mulţi cred
că, în substanţă, opera sa este o reacţie exagerată împotri-
va valorilor moderne şi, în ton, o naivă pastişă a eseurilor
generaţiei anilor '30 din România, mai ales a scrierilor lui

---

[16] H. R. Patapievici – *Omul recent*, Editura Humanitas, Bucureşti,
2001.
[17] Lucian Sârbu – *Cazul Patapievici* (pagină de Web), 2002 (citat
la 1 martie 2003), disponibil la http://electra.ifrance.com/ electra/
patapievici.htm.

Cioran și Eliade[18]. Dar nu soarta operei lui Patapievici și calitatea sa intrinsecă ne interesează aici, ci înțelegerea modului în care acest autor a devenit o personalitate culturală. Cum spuneam, înțelegerea fenomenului poate beneficia de ipoteza că Patapievici este produsul grupurilor de prestigiu. Ele au contribut la formarea personalității sale în durată, începînd cu adolescența. Procesul este documentat în volumul autobiografic *Zbor în bătaia săgeții*[19]. Acest jurnal al « formării », cum îl intitulează autorul, deși nu lipsit de calități literare, este adesea naiv si prețios, ceea ce face din el un interesant document sociologic. Printre rîndurile dedicate adolescenței (cele mai atinse de emoție), el lasă să se întrevadă felul în care se nasc grupurile de prestigiu ca mecanisme sociale specifice cîmpului cultural românesc. Patapievici vorbește aici explicit despre modul *deliberat* în care și-a căutat talentul, « geniul », mai bine zis, prin îndelungi ritualuri. « Chemarea » și confirmarea alegerii sale au loc în chinuitoare și pretențioase exerciții spirituale de lectură, aparent fără nici o noimă. Volumele înșirate în jurnal sînt, pentru oricine a trăit în România anilor '70-'80, un inventar al tuturor cărților reputate « dificile » și/sau « disidente », care fuseseră editate cu oarecari sau mari eforturi. Respectiva reputație era adesea lipsită de vreo bază reală, alta decît ignoranța – a publicului sau a cenzorilor – care le făcuse apariția un coșmar – motivele erau clare numai pentru mintea încîlcită a activiștilor culturali. Semnificativ pentru această

---

[18] Gabriel Andreescu – « Omul recenzat », *Observator cultural*, 5-12 februarie 2002 ; Ion Bogdan Lefter – « Pe altă spirală a istoriei », *Observator cultural*, 5-12 februarie 2002 ; Adrian Miroiu – « Un eseu : *Omul recent* », *Observator cultural*, 5-12 februarie 2002.

[19] H.-R. Patapievici – *Zbor în bătaia săgeții, op. cit.*

analiză este însă faptul că ambele caracteristici ale lecturilor ne trimit la ideea de cunoaştere secretă, iniţiatică. Aceasta este un ingredient necesar participării la un grup de prestigiu. De asemenea, tînărul filosof îşi găseşte identitatea numai în tovărăşia unor prieteni. Legături din liceu sînt ridicate la rangul de întîlniri astrale, tineri melancolici sînt descrişi ca profunzi gînditori, singurii care îl pot înţelege pe H.-R. Patapievici. Grupul dezbate probleme filosofice fundamentale, iar prietenii sînt instantaneu consacraţi genii, justificînd astfel geniul central al cărţii[20].

Desigur, acest tip de comportament pare mai degrabă specific vîrstei. În definitiv, adolescenţa, ca ritual de trecere, are propriul ei dar de a crea grupuri închise, în care « secretul » maturizării este asimilat la adăpost de privirile, adesea « ostile », ale adulţilor. Este însă semnificativ faptul că, deşi grupul de prestigiu « biologic » se retrage în fundal, comportamentele asociate cu el nu dispar, ci sînt repetate în contextul altor grupuri. H.-R. Patapievici le reiterează atunci cînd îşi profesează admiraţia faţă de unul dintre reprezentanţii României culturale interbelice, Alexandru Paleologu, iar mai apoi cînd se alătură grupului lui G. Liiceanu. Admiraţia reciprocă şi proclamarea împărtăşirii de la sursele ascunse ale cunoaşterii « drepte » (ortodoxă, clasică, platonică, « liberală » şi « esenţială ») continuă, proclamate în articolele şi intervenţiile mediatice ale celor doi.

Interesant este că primirea în noul grup de prestigiu este însoţită de responsabilităţi social-politice din ce în ce mai mari, unele direct legate de G. Liiceanu. După primirea sa în « cercul iluminaţilor », H.-R. Patapievici devine, de pildă, director de colecţie de carte la Editura Humanitas, condusă

---

[20] *Ibid*.

de G. Liiceanu. Faima sa este apoi convertită în capital po-
litic, eseistul fiind în cele din urmă numit în Colegiul Co-
misiei Naționale pentru Studierea Arhivelor Securității, deci
într-o funcție care ar fi putut întări poziția Grupului pentru
Dialog Social și a grupului de la Păltiniș în lumea culturală
și intelectuală românească.[21]

În fond, cazul lui. H.-R. Patapievici este atît de intere-
sant în schițarea unei sociologii culturale românești tocmai
pentru că acceptarea și promovarea sa s-au făcut numai par-
țial prin inițierea și ucenicia caracteristice grupurilor de pres-
tigiu. Lansarea sa s-a produs și prin mass-media – o premieră
în lumea culturală românească, marcînd aparent intrarea
României în lumea pieței și a senzației. Patapievici ar fi tre-
buit să fie prima celebritate confecționată de piață, de senza-
țional și de pofta de imediat a unei prese trăind de azi pe
mîine, care anunță o piață capitalistă de valori. Cazul său
este însă exemplar pentru modul în care structurile sociale
românești, dominate de grupuri de prestigiu, influențează
piața, schimbîndu-i funcția și deposedînd-o, cel puțin pen-
tru o vreme, de puterea de a crea o nouă structură socială în
România. Vom vorbi despre acest fenomen particular după
ce încheiem discuția despre grupuri de prestigiu, moderni-
tate și clase sociale.

---

[21] Activitatea CNSAS s-a lovit de opoziția partidului de stînga, la
putere de-a lungul a zece din cei paisprezece ani de democrație. Repre-
zentanții săi în sînul instituției consacrate studierii arhivelor Securității
au contribuit la blocarea accesului la dosarele cele mai importante.
Cîștigul de capital simbolic s-a dovedit deocamdată a fi o pierdere.

Grupurile de prestigiu românești sau de la mimarea societății civile la monopolul intelectual

Supraviețuirea și forța grupurilor de prestigiu se bazează înainte de toate pe monopol. Monopolizarea canalelor de comunicare și a cunoștințelor ori pretenția de a avea acces la cunoștințe și chemări unice, destinate numai inițiaților, sînt centrale pentru membrii grupului care reclamă rolul de « aleși », de « unși » cu carisma culturii și a geniului. Controlul cunoștințelor poate fi uneori chiar de natură fizică, așa cum se întîmpla în anii '80. Fenomenul este sesizat și de Alexandru Mușina în eseul dedicat adoptării postmodernismului în România din cartea sa *Unde se află poezia ?* [22]. Capitolul « Postmodernismul la Porțile Orientului » reia un articol lucid scris în 1986, în cea mai brutală perioadă a dictaturii ceaușiste. Mușina analizează modul în care un curent cultural atunci la modă în Occident a fost preluat ca armă de luptă împotriva *establishment*-ului cultural comunist din România. Postmodernismul era folosit ca mijloc de asigurare a identității unui nou grup de prestigiu, unul dintre puținele cu efecte benefice în cultura românească postbelică. Mișcarea era vag inspirată de anii '60 din America și a fost botezată anacronic « generația '80 ». Deși bine intenționată, nu s-a putut feri de păcatul tuturor grupurilor de prestigiu din România, acela de a-și întări puterea politică pe scena culturală prin aproprierea unor calități și autorități intelectuale bazate pe controlul a tot felul de monopoluri. Mușina amin-

---

[22] Alexandru Mușina – *Unde se află poezia ?* (ed. Al. Cistelecan), *Ținte în mișcare* Arhipelag, Târgu Mureș, 1996.

teşte în articol un fenomen caracteristic culturii românești din anii '80 : se publicau cărți despre autori occidentali sau despre mode intelectuale din Vest (Freud, postmodernism etc.), înainte ca operele fundamentale ale acelor scriitori sau curente să fi fost tipărite. Acest lucru era posibil pentru că exegeții autohtoni avuseseră privilegiul de a avea acces (uneori chiar de a controla accesul) la surse de informație din Vest ori de a se fi inserat în vreun circuit de lectură informal prin care cărți fotocopiate erau pasate din mînă în mînă, în cîteva orașe mai importante din România.

Ducînd analiza lui Mușina mai departe, pe teren sociologic, constatăm că generația '80 nu a fost inventatoarea acestui comportament monopolist, ba chiar a fost forțată să-l adopte. Luînd în considerare dorința ei sinceră de a primeni atmosfera stătută din lumea literară românească, înghețată în utopii naționaliste sau moderniste preluate din anii '20 sau '30, îi putem chiar înțelege machiavelismul de a-și fi întărit legitimitatea prin monopolul unui discurs « postmodernist ». În fond, construindu-și o identitate prooccidentală, inadmisibilă din perspectiva clasei politice de atunci, marxist-naționaliste, generația '80 crea un spațiu social și de legitimitate culturală alternativ, neincorporabil și necumpărabil de către puterea timpului. [23]

La acest exemplu aș putea adăuga alte exemple de control monopolist mult mai evident, care arată cum grupurile de prestigiu românești au manipulat sursele de informare pentru avantaje personale sau pentru distrugerea unor inamici intelectuali. Doi istorici de faimă (comunistă), Mircea Mușat și

---

[23] Caius Dobrescu – *Inamicul impersonal, op. cit.*

Ion Ardeleanu, au publicat la mijlocul anilor '80 o serie de fascinante documente despre perioada interbelică, adunate în volumul *România după marea Unire* [24]. Ironia este că o făceau profitînd de poziția lor de cenzori ideologici ai producției de carte istorică românească. Opera lor este cea mai pură expresie a monopolului intelectual. Cei doi împiedicau publicarea unor volume sau tăiau pasaje din diferite cărți, pentru a prelua și topi în tomul lor materialele cenzurate. Cartea apare, de aceea, ca o stranie colecție de documente, prost sau deloc citate. Citite astăzi, cele două volume ale cărții par să fi fost alcătuite de niște compilatori medievali, care adună între două coperte, în absența conștiinței dreptului de autor, tot ce le cade sub mînă. În spațiul românesc, opera celor doi cenzori va rămîne, probabil, în anale, alături de manuscrisul cronicilor românești din secolul al XVII-lea, rescris de «băsnuitorul» Misail Călugărul. Cu toate acestea, «prestigiul» și puterea celor doi erau de netăgăduit – stă mărturie faptul că, în 1988-1989, volumele erau de negăsit în librării. Chiar și astăzi, o pagină de Web a Mișcării legionare [25] și un îndrumar bibliografic pentru examenul de licență la Facultatea de Istorie a Universității «Ștefan cel Mare» din Suceava [26] menționează acest volum ca pe o resursă de valoare.

Lucru tulburător, reflexul fenomenului de monopolizare a cunoștințelor prin inserarea sa în circuitul normal dintre autorii originali și public se manifestă și azi, într-un mod

---

[24] Mircea Mușat și Ion Ardeleanu – *România după Marea Unire*, Editura Științifică și Enciclopedică, București, 1986.

[25] Vezi articolul «Legiunea contra extremismului» la : http://www.miscarea.com/zaharia.htm.

[26] Vezi îndrumarul Facultății de Istorie al Universității «Ștefan cel Mare» din Suceava la http://www.usv.ro/istgeo/licILS.pdf.

incredibil de naiv. Recent, ministrul Sănătății, Mircea Beu-
ran, profesor universitar la Universitatea de Medicină din
București, a fost acuzat și găsit vinovat de publicarea unor
ghiduri de îngrijire medicală franceze și americane sub nu-
mele său și al altor colaboratori. Ministrul s-a apărat, cel
puțin parțial, spunînd că a avut un contract de traducere cu
editura franceză. Cărțile însă erau, evident, publicate ca și
cum doctorul Beuran și colegii săi erau autorii originali. Ei
nu făceau, de fapt, decît să continue mecanic o procedură de
«publicare» și construire de prestigiu academic din anii
comuniști. În acei ani, mai ales către sfîrșitul regimului, din
pricina reducerii drastice de importuri de carte, dar și a stag-
nării științei medicale românești, pusă în imposibilitatea fizi-
că de a face cercetare de vîrf, unii universitari au profitat de
ocazie pentru a publica, în nume propriu, diferite traduceri.
Acestea erau girate de apartenența respectivilor medici la un
grup intelectual închis (elita universitară), care, între anumiți
parametri, nu era verificat de nimeni sub raportul autentici-
tății actului lor intelectual. Ca multe alte grupuri de pres-
tigiu, doctorii de vîrf își construiau prestigiul prin putere.[27]

Bazîndu-se pe forța prestigiului acestui grup și pe sigu-
ranța dată de intrarea în rutină a procedurii, Beuran nu a ezi-
tat să urmeze calea bătută a consacrării prin monopol. Pasul
său, deși aparent garantat de tradiție, a fost însă unul greșit.
Deși la foarte mulți ani după schimbările din 1989 și după
comiterea plagiatului, piața, îndeosebi cea jurnalistică, a pus
în lumină cazul Beuran (există, poate, și implicații politice,
avînd în vedere faptul că dr Beuran era ministru la data la

---

[27] Vezi forumul Internet «Medicina București», chestiunea «Beu-
ran acuzat de plagiat» la http://med.pub.ro/forum/viewtopic.php

care a fost acuzat de plagiat). Medicii din conducerea Universității de Medicină din București au hotărît eliminarea lui Beuran din rîndurile lor, nu fără unele ezitări. (Beuran a fost reinstaurat la catedră printr-o hotărîre judecătorească despre care unii jurnaliști din România spun că a fost luată în urma unor presiuni politice.)

Monopolizarea ideilor și coalizarea intelectualilor în grupuri de prestigiu nu se face însă neapărat prin forță ori prin controlul fizic al resurselor. De cele mai multe ori, controlul se întemeiază pur și simplu pe prestigiu printr-o judecată ce se mișcă într-un cerc vicios – lucru tipic în societățile paramoderne : ești prestigios pentru că ai fost iluminat și ești iluminat pentru că ești prestigios. Prestigiul este o sursă morală de legitimare pentru că este întemeiat pe o formă sau alta de carismă, dobîndită prin pretenția, reală sau imaginară, de iluminare, de acces direct la forme superioare de cunoaștere și înțelegere. Folosesc din nou termenul lui Max Weber, desemnînd un tip de relație socială stabilit pe baza inspirației, a unui « dar divin », al cărui posesor este în mod natural îndreptățit la recunoaștere și ascultare. Iluminarea în sine nu este democratică – ești cooptat numai dacă ai un semn de alegere. Cum cercuri vicioase de acest fel nu se pot susține la infinit, cineva trebuie să-i aleagă pe candidații la iluminare. Acesta este, de obicei, un mandarin al unui grup de prestigiu existent care, ca un maestru al budismului tibetan, este permanent în căutare de noi încarnări ale lui Buddha. În cazul lui H.-R. Patapievici, rolul a fost, evident, jucat de G. Liiceanu.

Deși această analiză pare a viza persoanele, ea are – trebuie să repet – ambiții sociologice, nu etice. Procesele pe care le descriu aici sînt de esență socială. Grupurile de prestigiu nu sînt, prin definiție, « rele ». Aș include aici și pe H.-R. Patapievici și grupul de la Păltiniș. Comportamentul lor și al altor grupuri similare, atîta timp cît acestea s-au opus puterii comuniste, a avut efecte de cele mai multe ori parțial benefice în cultura și în societatea românească, mai ales în anii '80[28]. Școala lui Constantin Noica de la Păltiniș, Cenaclul de Luni, Cenaclul Junimea, grupul din jurul lui Călin Vlasie de la Pitești, diversele grupuri de la Iași sau de de la Cluj, variatele grupuri și mișcări science-fiction, cercurile de yoghini și de practicanți ai artelor marțiale – fiecare a servit, într-o formă sau alta, ca grup de prestigiu, de inițiere, în care membrii își căutau refugiul în fața unei lumi în avansată descompunere. Participanții găseau în aceste forme de asociere experiențe necotidiene, identități speciale, și erau animați de credința că ei și numai ei au găsit salvarea. Merită spus că aceste grupuri au servit, în vidul social românesc din anii '80, drept surogat (un lucru pozitiv, în ciuda termenului peiorativ) pentru atît de clișeizata, după 1989, societate civilă românească.

Alte grupuri însă, îndeosebi cele asociate cu structuri de putere și represiune, au avut un profund efect negativ. Deși asemănătoare, în structura lor sociologică, grupurilor deja amintite, ele se bazau pe un set de monopoluri și corpuri de cunoștințe secrete furnizate de partidul comunist sau de Securitate și serveau direct statul totalitar. Principalul lor efect negativ era acela că foloseau monopolurile pentru a demasca și intimida alte grupuri, mai ales cele care se opuneau comunismului. Grupul de la revista *Săptămîna*, de pildă, colabora direct cu Securitatea și avea monopolul discreditării disidenților români refugiați în Occident sau a celor ce făcuseră « imprudența » să ridice vocea și să rămînă

---

[28] Katherine Verdery – *Compromis și rezistență : cultura română sub Ceaușescu*, Editura Humanitas, București, 1994.

în țară[29]. Redactorii și colaboratorii acestor publicații erau singurii îndreptățiți să comenteze emisiunile postului de radio Europa Liberă, a căror ascultare (supremă ironie !) era ilegală în România. Grupul din jurul poetului Adrian Păunescu și cenaclului « Flacăra » își rezervase monopolul discursului naționalist-nativist, avînd la începutul anilor '80 controlul unei publicații de mare tiraj, al singurului concert « pop » din țară și al unei emisiuni de televiziune difuzată la o oră de vîrf. Rolul său era acela de a insera în subconștientul maselor ideea că singura modalitate de gîndire este cea naționalistă.

Majoritatea celorlalte grupuri a încercat însă să clădească o barieră de valori individuale și sociale (artă, erudiție, prietenie, curaj, individualism), înscrise în « constituția » lor, care să contracareze strînsoarea de clește a statului totalitar [30]. Rolul le-a fost consolidat și de faptul că serveau pentru mulți drept grupuri de imediată referință socială, familia însăși fiind, în România, într-o profundă criză. Familia românească, forțată să adopte din ce în ce mai mult un rol public – datorită delegitimării spațiului public oficial, confiscat de partidul comunist, devenise o verigă într-o uriașă confederație de « familii » cvasimafiote, aflate într-o luptă oarbă pentru supraviețuire. Era o situație asemănătoare cu aceea pe care Banfield o descria în sudul Italiei, numind-o « amoralism familial »[31]. În

---

[29] Vezi documentele publicate de ziarul Ziua, în special Anonim – « Vadim turnător », *Ziua*, 3 noiembrie 2003, disponibil la http://www.ziua.ro/search.php ?class=2003&id=31130&kword=vadim&style=3.

[30] Caius Dobrescu – *Inamicul impersonal*, Editura Paralela 45, Pitești, 2001.

[31] Edward C. Banfield – *The Moral Basis of a Backward Society*, Free Press, New York, 1967.

aceste condiții, intelectualii se simțeau, probabil, mai acasă între egalii lor morali decît în familiile lor reale, măcinate de un etos din ce în ce mai distructiv.

Modul închis și elitist în care aceste grupuri s-au structurat în jurul ideii de privilegiu, de « luminare », de « onoare » ori « cunoaștere » a fost însă numai parțial rezultatul presiunilor și intoleranței sociale ce le înconjurau. Istoria românească are și ea un cuvînt de spus. Reacția lor de a se închide ca scoicile, ascunzînd înăuntru reale ori imaginare perle de cultură și ideație, vine, din păcate, dintr-un trecut intelectual românesc moștenit de la pașoptism și primul junimism. Așa cum voi arăta în eseurile ce urmează, grupurile de prestigiu au apărut și ca urmare a procesului de modernizare din România. Acesta a avut loc prin importul de instituții occidentale de către o clasă aristocratică semideschisă care, ca să supraviețuiască modernizării, a încercat să își schimbe etosul și valorile, să treacă de la cele feudale la cele intelectuale. Procesul a fost numai în parte încununat de succes : aristocrația română a devenit o clasă conducătoare modernă prin intelectualizare, dar intelectualitatea care s-a născut din ea a căpătat la rîndul său caracteristici paramoderne, aristocratice. Ideile de privilegiu și de grup închis, specifice aristocrației, au supraviețuit mult după anii 1860, care au marcat prima despărțire românească de lumea tradițională. Așa cum s-a întîmplat în multe țări vecine, procesul a însemnat nu înlocuirea unui etos premodern cu altul modern, ci combinarea acestora. În esență, însăși construcția României moderne s-a bazat nu pe nașterea unei clase burgheze, ci pe nașterea grupurilor intelectuale reformatoare (analizată în eseurile consacrate în acest volum pașoptismului și junimismului). Clasa intelectuală română și-a asumat rolul conducător și s-a legitimat în fața poporului nu în numele intereselor și puterii sale economice, ci pe baza « monopolului » asupra variatelor ideologii și « științe reformatoare » – în esență, pe baza privilegiului grupurilor intelectuale ce o compuneau.

Clasele sociale și societatea modernă în tradiția nemarxistă

Societatea românească, cu grupurile sale intelectuale bazate pe prestigiu, se află într-o problematică relație cu societatea modernă, unde vorbim despre indivizi și despre clase. Conceptul de « clasă » nu trebuie însă redus la modelul marxist, cu care este, din păcate, aproape întotdeauna confundat. Deși marxismul se alătură proiectului analitic al sociologiei clasice europene[32], sesizînd relația dintre structurile materiale, ori diviziunea socială a muncii, și structura socială, acesta este diferit de sociologia clasică europeană prin judecata de valoare (negativă) pe care o aplică claselor. În sociologia tradițională, grupurile sociale ale lumii moderne sînt unele, iar nu unicele, categorii morfologice sociale. În plus, ele sînt doar niște concepte, niște judecăți de existență ; ele nu sînt încărcate cu conotația ideologică a exploatării, ca la Marx, în *Ideologia germană*[33] sau, mai ales, ca în *Manifestul Partidului Comunist*, în care se afirmă răspicat că istoria tuturor societăților este istoria luptei de clasă [34]. Pentru sociologii nemarxiști, clasa socială nu

---

[32] Alexis de Tocqueville – *Despre democrație în America, op. cit.* ; Émile Durkheim – *The Division of Labor in Society*, Free Press, New York, 1984 ; Max Weber – *The Theory of Social and Economic Organization, op. cit.*

[33] Karl Marx – *Selected Writings* (ed. David McLellan), Oxford University Press, Oxford, 1977, pp. 162-163.

[34] *Ibid.*, p. 222.

conține decît un anumit miez social, dictat de realitățile mentale și materiale ale epocii moderne. Pentru ei, societatea modernă, singura împărțită în clase economice, este un agregat de funcțiuni și indivizi, separați în sine, dar uniți prin locul lor în diviziunea muncii și a ocupațiilor[35].

Participarea la o clasă reprezintă, în fond, poziția individului în structura socială (bogat/sărac, muncitor/funcționar, țăran/ orășean). În plus, clasele sociale sînt caracteristice societăților ce funcționează pe baza economiei de piață. Pentru Marx, clasele transcend istoria modernă, pentru că toate societățile sînt controlate de interese economice[36]. Din perspectiva unei sociologii atente la specificul fiecărei epoci, este incorect să vorbim, de pildă, despre clase pur economice în societatea feudală.[37] În acest context istoric anume, avem de-a face cu cele

---

[35] Émil Durkheim − *The Division of Labor in Society, op. cit.*

[36] Karl Marx − *Selected Writings, op. cit.*, p. 222.

[37] Logica analizei de aici, deși « interpretativistă » și istoristă, inspirată de Weber, nu-l urmează pe sociologul german pînă la capăt. Weber − mai nuanțat, deși, poate, nu neapărat mai clar − susține că grupurile de prestigiu și clasele pot conviețui și în societăți nemoderne, după cum grupurile de prestigiu și clasele pot fi și închise, și deschise. Împinsă la extrem, afirmația sa duce la disiparea empirică a conținutului conceptual al termenilor și la greoaie taxonomii, care anulează rolul de « tipuri ideale » al conceptelor sociologice și istorice. Eu prefer, în acest articol, ideea că grupurile de prestigiu sînt modelul social dominant în lumea tradițională, iar clasele în cea modernă, primele fiind închise, iar cele din urmă, deschise. Deși acestea pot coexista în vremuri de tranziție, ele domină lumea istorică în care au apărut. Trebuie să-i mulțumesc lui Norbert Petrovici, care mi-a atras atenția asupra faptului că demonstrația mea este întrucîtva deosebită de cea clasic weberiană și care m-a ajutat să-mi delimitez poziția. Vezi textele lui Weber din Grusky − *Social Stratification : Class, Race, and Gender in Sociological Perspective, op. cit.*

35

mai pure grupuri de prestigiu ori cu alte instituții bazate pe
onoare, pe cunoaștere, pe proprietate funciară consacrată de
serviciul public, ori pe toate acestea la un loc. Clasele «ade-
vărate» apar numai în societatea modernă, odată cu formele
generalizate de diviziune socială a muncii și cu apariția indivi-
dualismului. Ultimul element – conștiința individualității auto-
nome în rîndul celor pe care îi considerăm membri ai unei
clase – deosebește foarte clar clasele de grupurile de prestigiu :
o clasă socială, spre deosebire de un grup de prestigiu, nu este
o comunitate, în interiorul său nu se produc atașamente
subiective ori legate de valori.

Clasele sînt mai degrabă un construct statistic, cum spune
Weber, sînt probabilitatea ca veniturile și ocupațiile unui in-
divid să se afle într-o «anumită relație cauzală cu șansele sale
în viață»[38]. Individul în cauză are unele șanse să ocupe o po-
ziție sau alta în ierarhia socială, dar aceasta nu înseamnă că el
și trebuie să ocupe această poziție. Cum clasele nu sînt comu-
nități, ele nu creează identități obligatorii, așa cum fac gru-
purile de prestigiu, aristocratice sau nu. Conceptul de clasă
socială nu este, de fapt, o unitate ontologică (esențială), așa
cum este grupul de prestigiu, ci doar una taxonomică ; este o
denumire dată convențional unui grup de persoane. În socie-
tatea modernă, în special în etapa sa tîrzie, unitatea ontologică
(esențială) este individul. Caracteristicile sale personale creează
premisele acțiunilor lui și, în ultimă instanță, duc la acțiuni
sociale. Aceste acțiuni nu sînt însă total voluntare – nimeni nu
acționează după capul lui. Aici intervine piața[39]. Indivizii ac-

---

[38] Max Weber – *From Max Weber : Essays in Sociology*, *op. cit.*, p. 180.
[39] Este vorba de piață ca formă de reglementare socială, ca meca-
nism de autoreglare prin cerere și ofertă. Dimensiunile sale pot fi
economice, politice sau culturale.

ționează într-o manieră mai mult sau mai puțin probabilă, în funcție de poziția lor pe piață, de ceea ce au de oferit și de ceea ce societatea – înțeleasă ca mecanism de cerere a respectivului produs – hotărăște că valorează ceea ce individul are de oferit. Acest mecanism nu elimină comportamentele aberante și actele de voluntarism, dar cei care le practică se vor izbi de legile pieței și vor fi eliminați.

Modernizarea socială și nașterea claselor, pe fondul creșterii în importanță a individualismului, nu este însă un proces lin. În fapt, modernitatea deplină, cea în care grupurile sociale și, mai ales, cele intelectuale sînt atomizate și « înmuiate » de piață, a devenit o realitate numai în urma revoluțiilor sociale și intelectuale de după cel de-al doilea război mondial. Numai modernitatea tîrzie, cum o numește Giddens[40] – cu trăsăturile ei determinante : hiperindividualism, mobilitate și relativism social, egalizare a gusturilor și tradițiilor – a instaurat un adevărat regim « de clasă » în lumea intelectuală occidentală, mai ales în țările anglo-saxone. Revoluția « expresivă » a anilor '60 a avut un rol hotărîtor în acest sens. Așa cum arată Robert N. Bellah și colegii săi[41] ori Robert Wuthnow[42] pentru America, această evoluție, accentuînd ideea că fiecare ins e posesorul unei revelații unice a existenței, a dus la o formă de

---

[40] Anthony Giddens – *Modernity and Self-Identity : Self and Society in the Late Modern Age, op. cit.*

[41] Robert N. Bellah *et al.* – *Habits of the Heart. Individualism and Commitment in American Life*, University of California Press, Berkeley, 1985/1996.

[42] Robert Wuthnow – *The Consciousness Reformation*, University of California Press, Berkeley, 1976 ; *Loose Connections : Joining Together in America's Fragmented Communities*, Harvard University Press, Cambridge, 1998.

individualism extrem și a impus ideea ștergerii distanței din-
tre creatorii și consumatorii de cultură, căci, într-o lume de
indivizi unici și irepetabili, orice experiență este valo-
roasă. În plan intelectual, această schimbare socială a
provocat democratizarea demersului artistic și intelectual,
făcîndu-i pe « autori » egali cu consumatorii produsului
lor[43]. Ceea ce a dus la instaurarea popularității – văzută ca
aprobare venită din partea « egalilor » – ca unic criteriu de
valoare.

În lumea modernității tîrzii, individualismul lucrează mînă
în mînă cu piața, ceea ce atrage după sine transformarea tu-
turor grupurilor sociale și, mai ales, a celor care erau în mod
tradițional organizate ca grupuri de prestigiu, în clase. O
asemenea etapă smulge grupurile de prestigiu din starea de
paramodernitate pe care o descriam pentru România con-
temporană. Pusă în acest context istoric, situația sociologică
a grupurilor intelectuale românești se află încă la momentul
occidental 1930-1950, de dinaintea exploziei individualis-
mului și a transformării grupurilor intelectuale în clase de-
pline. Sub acest aspect, situația românească nu trebuie văzută
numai ca o formă de « supraviețuire » a unui trecut foarte în-
depărtat, ci mai ales, ca o rămînere în urmă, relativă, față de
Occidentul intelectual modern tîrziu[44].

---

[43] Daniel Bell – *The Cultural Contradictions of Capitalism*, Basic Books,
New York, 1976/1996.

[44] Distanța față de Occidentul intelectual este variabilă : mai mare
față de universul modern tîrziu american, dar mai mică față de lumea
intelectuală franceză, în care supraviețuirea unui etos paramodern este
mult mai puternică decît în America. Vezi Pierre Bourdieu și Randal
Johnson (ed.) – *The Field of Cultural Production : Essays on Art and Li-
terature, op. cit.*

Paramodernitatea românească se deosebește însă de cea occidentală nu numai prin decalajul temporal (relativ), ci și prin relația fundamentală dintre grupurile de prestigiu și piață, dintre ele și situația de clasă. Dacă în Occidentul contemporan clasele intelectuale sînt dominante, deși grupurile de prestigiu nu au dispărut, în România, piața de idei este dominată de grupurile de prestigiu, iar o «clasă intelectuală» (în accepțiunea pe care am propus-o) este încă incipientă.[45] Piața de idei în lumea occidentală (cu precădere în cea americană, pe care o și cunosc mai bine), este bine definită și chiar separată de cea a grupurilor de prestigiu, cele două aflîndu-se într-o tensiune creatoare. Aici, clasa intelectualilor de piață și membrii diferitelor grupuri de prestigiu se află într-o confruntare permanentă și participă la jocul de influențe, reflectînd astfel emanciparea modernității de inerția tradiționalismului. David Brooks[46] și Richard A. Posner[47] – doi analiști de frunte ai fenomenului cultural american, deși manifestîndu-și mai degrabă nostalgia după grupurile de prestigiu decît entuziasmul față de nașterea unei piețe de idei controlate de popularitate – constatau că «intelectualii publici» de peste Ocean[48] se comportă pe zi ce trece mai mult ca niște antreprenori de idei decît ca niște profeți, după cum ne obișnuise tradiția. Ei nu detestă popularitatea oferită de piață, ci o îmbrățișează.

---

[45] Situația a evoluat, desigur, în ultimii ani, dar mai este încă mult pînă cînd piața va fi un adevărat competitor pentru grupurile de prestigiu.

[46] David Brooks – *Bobos in Paradise : the New Upper Class and How They Got There*, Simon & Schuster, New York, 2000.

[47] Richard A. Posner – *Public Intellectuals : a Study of Decline*, Harvard University Press, Cambridge, 2001.

[48] Intelectuali neafiliați la instituții academice sau politice.

Analizele lor, ca și a lui Jacoby, de acum 17 ani[49], pun în lumină faptul că dominația grupurilor de prestigiu asupra lumii intelectuale americane a apus în anii '60-'70, odată cu dispariția unor marcanți critici sociali și literari : Lionel Thrilling, Hannah Arendt, Irwing Howe și Sidney Hook. În locul grupurilor conduse de ei a apărut o cacofonie de voci, fără autoritate « miruită » de la New York, unele venite din expertiză academică « tradusă » pe înțelesul marelui public, altele născute în eter, prin posturi de radio și televiziune (medii ce au devenit mai recent nu numai « aspersoarele » modei de divertisment, ci și ale celei culturale). Posner arată însă – fără a exploata această descriere pe deplin – că lumea americană a ideilor a devenit un univers structurat pe paliere, în care piața largă, populară e dominată de o clasă intelectuală – am adăuga noi, caracterizată de un amestec de ideologii, ce coexistă cu cercul intelectual restrîns a ceea ce a mai rămas din grupurile de prestigiu, dominate de ideologi de stînga.

Din analiza lui Posner a cîmpului cultural american aflăm că ziarele și revistele ce se adresează publicului nespecialist (*Wall Street Journal, National Review, The New Republic, New Yorker* etc.) sînt dominate de intelectuali-politicieni, care trăiesc din scris și publicații personale, în timp ce revistele de științe sociale, « umanioare » și drept ascultă de intelectuali neamericani, stipendiați de universități. Primii se comportă ca membri ai unei clase antreprenoriale, în timp ce membrii grupului din urmă trăiesc în turnul de fildeș al grupurilor academice introvertite. De pildă, revistele « populare » men-

---

[49] Russell Jacoby – *The Last Intellectuals : American Culture in the Age of Academe*, Basic Books, New York, 1987.

ționează pe primele zece locuri intelectuali care au ocupat funcții politice atît de dreapta (republicani), cît și de centru-stînga (democrați) : Henry Kissinger, Daniel Moynihan (un celebru senator de New York, renumit pentru pozițiile sale moderate, al cărui loc în Congres a fost luat de Hillary Clinton), George Will (un editorialist republican de vază), Lawrence Summers (președintele Universității Harvard și ministru în diferite administrații, atît republicane, cît și democrate), William Bennet (un alt intelectual-politician de dreapta), Reich Robert (economist și ministrul Muncii în cabinetul Clinton), Sindey Blumenthal (un alt membru al echipei Clinton, un profesor de drept), Arthur Miller, celebrul scriitor Salman Rushdie și un alt editorialist conservator, William Safire.[50] Publicațiile specializate îi plasează pe primele zece locuri – cu trei excepții : Max Weber, Gary Becker, Richard Posner – pe corifeii de stînga ai relativismului și radicalismului intelectual contemporan : Michel Foucault, Pierre Bourdieu, Jürgen Habermas, Jacques Derrida, Noam Chomsky, ori pe confrații lor, tot de stînga, dar ceva mai moderați, Anthony Giddens și Stephen Jay Gould.

Această segmentare generală a universului intelectual este completată de schimbări în structura ultimei « sere » a prestigiului intelectual instituționalizat, lumea academică. Lumea universitară americană, îndeosebi cea din domeniul științelor sociale (sociologie, comunicare, studii culturale), a devenit în ultimele decenii un amestec straniu de birocrație și raționalism economic, aplicat unor instituții care amintesc încă,

---

[50] Merită menționat faptul că, în America, Clinton este considerat un social-democrat moderat, criticii săi radicali învinuindu-l chiar de conservatorism.

deşi imperfect, de universul grupurilor de prestigiu. Feno-
menele se oglindesc în cîteva caracteristici ale lumii univer-
sitare americane : accesibilitatea majorităţii profesorilor şi
uniformitatea ideilor, atît în interiorul facultăţilor, cît şi în
sînul disciplinelor. Cu asemenea date, ne situăm la polul
opus faţă de ceea ce întîlnim în grupurile de prestigiu care
domină lumea universitară paramodernă, mai ales cea euro-
peană. În Europa, profesorul – şi intelectualul, în general –
este o persoană de care te apropii cu un respect religios, care
pare să poarte în frunte steaua alegerii sale intelectuale. Ca-
racterul închis al grupurilor de prestigiu menţine diversitatea
culturală. Grupurile de prestigiu universitare (ca şi cele din
afara universităţii) fiind închise, tind să se reproducă fără
« competiţie » – membrii sînt invitaţi şi, de obicei, se menţin
în interiorul cercului. Grupurile nu sînt legate de public şi
nici unele de altele prin forţele cîmpului magnetic al cererii
şi ofertei, care le-ar putea schimba compoziţia şi chiar ame-
ninţa existenţa. Ele coexistă, relativ independente unele de
altele, ca nişte boabe de strugure într-un ciorchine. Naţio-
nalişti şi proletcultişti, cosmopoliţi postmoderni şi arhaici
protocronişti pot fi des întîlniţi pe coridoarele facultăţilor de
ştiinţe sociale din universităţile româneşti.

Această situaţie este foarte diferită de cea pe care o întîl-
neşti în America, unde piaţa a dus atît la reducerea distanţei
dintre studenţi şi profesori, cît şi la uniformizarea ideatică.
Profesorul american, mai ales cel netitularizat[51], se află în
poziţia unui furnizor, încercînd să-şi creeze o clientelă, în
sensul literal al cuvîntului. Cum universităţile se bazează pen-

---

[51] Detaliul este important, căci lumea academică americană nu
este cu totul dominată de piaţă, cum voi arăta mai departe.

tru supraviețuire pe taxele școlare și pe donațiile foștilor studenți sau ale organizațiilor filantropice, ele se află într-o continuă campanie publicitară ce prezintă cursurile și programele apte să răspundă intereselor, uneori de moment, ale potențialilor studenți. Politica de angajare a profesorilor se face avînd acest scop în minte, iar profesorii înșiși trebuie să-și modeleze întreaga carieră în funcție de cerințele pieței. « Modelarea » îl face pe profesorul american accesibil, succesul său ca reprezentant al propriului « departament de relații cu publicul » fiind esențial.

Cel mai pertinent argument în favoarea ideii că lumea academică se structurează pe principiile clasei intelectuale este însă faptul că în America cu greu găsești în aceeași instituție personaje radical diferite politic – iar acolo unde mai găsești, numărul lor e în descreștere. În domeniul stiințelor sociale, majoritatea înclină spre stînga. Această poziție se explică, în parte, prin tradiția socialistă din lumea academică americană, întărită acum șaizeci de ani de valurile de refugiați intelectuali din Europa cotropită de nazism. Anii '60 și-au lăsat și ei amprenta : popularitatea marxismului, atunci în mare vogă printre tinerii cu plete, a supraviețuit în inimile și mințile celor care acum sînt profesori și educatori cu părul alb (și, uneori, la fel de lung).

Cu toate acestea, structurarea universității pe principiile pieței este în mare măsură « vinovată » pentru uniformitatea intelectuală. Tinerii americani care intră pe porțile colegiului trăiesc încă în siajul așa-zisei contraculturi a anilor '60, care vede în lumea afacerilor moartea spiritului, iar în valorile tradiționale, lanțuri intolerabile pentru plăcerile individuale, punînd deasupra oricărei cunoașteri părerea individului. America a devenit în ultimii treizeci de ani chiar mai individualistă și mai nonconformistă (a se citi « radicală ») decît era pe vremea rebelilor pletoși de la Berkeley. Aceste idei i se potrivesc ideologiei de stînga ca o mănușă și cer întruna teorii și intelectuali gata să le satisfacă.

Cu un zîmbet amar, Stuart Hall, un marxist britanic care a cunoscut vremuri mai radicale decît cele de azi, cînd este considerat un membru respectabil al panteonului universitar american, constata că teoriile pe care el le considera în Anglia subversive și periculoase au devenit obiect de cult cvasireligios în universitățile americane, unde li se dedică facultăți speciale. Ironia este că piața, pe care Stuart Hall, în calitate de marxist, o critică viguros, este aceea care a făcut din el, vrînd-nevrînd, o celebritate mondială.

Mode, mănăstiri, ziare : grupurile de prestigiu în America

Spuneam că lumea culturală de peste Ocean, structurată pe paliere și dominată de clase, nu e lipsită de grupurile ei de prestigiu. Mai subtile însă și mai efemere decît cele din România, ele iau forme neașteptate. Max Weber remarca, pe baza observațiilor făcute în călătoriile sale peste Ocean, că în Statele Unite există o poftă imensă de apartenență la grupurile de prestigiu[52]. Egalitatea condițiilor, creată de egalitatea de șanse materiale, devine un handicap pentru cel care a reușit. Celui ajuns în vîrful piramidei sociale prin pîrghiile pieței singurul drum care-i mai rămîne deschis duce în jos sau la o parte. Pofta și ambițiile celor care vin din urmă pot oricînd să-i uzurpe pe cei abia instalați în capul mesei. De aceea – sugerează Weber – orice membru al elitei încearcă să-și stabilizeze poziția în

---

[52] Max Weber – *From Max Weber : Essays in Sociology*, *op. cit.*, p. 188.

societate ridicînd bariere non-materiale în calea noilor veniți, căutînd distincții sociale prin apartenența la un anume club, adoptînd un anume stil de trai, cumpărînd anumite bunuri[53], ori – un fenomen mai nou – schimbînd moda intelectuală. Moda e, mai presus de toate, un mijloc «democratic» de a te distinge de ceilalți, observa Weber acum aproape o sută de ani, și observația sa e mai actuală ca niciodată. Moda are efecte mai vizibile printre americani, intelectuali sau nu, decît în țările cu structuri ierarhice mai rigide. Forța modelor, intelectuale sau de altă natură, sesizată de Weber, dar și de Tocqueville, vine din faptul că este un mijloc comod de a mima și de a forța intrarea în grupurile de prestigiu. Chiar și atunci cînd încercarea se soldează cu un eșec, ea are darul de a da măcar senzația ieșirii din «anonimatul» la care americanii sînt supuși de piață și de egalitatea «condiției» lor, pentru a folosi termenul preferat al lui Tocqueville. În societățile radical democratice, cum este America, remarca scriitorul francez, «unde cetățenii nu se deosebesc mult între ei și se găsesc în mod firesc atît de aproape, încît în fiecare clipă li se poate întîmpla să se topească într-o masă comună, se creează o mulțime de clasificări artificiale și arbitrare, cu ajutorul cărora fiecare caută să se desprindă, de teama de a nu se pierde în valul mulțimii »[54]. Ar mai trebui adăugat că omogenizarea intelectuală este ajutată de piața liberă a bunurilor simbolice. Educația și cărțile sînt accesibile oricui are bani să le cumpere. În mare măsură – dar nu integral –, accesul la resursele de calificare ca intelectual sînt un bun public ; este deci necesar să se ridice bariere private pentru crearea distincțiilor sociale.

---

[53] *Ibid.*

[54] Alexis de Tocqueville – *Despre democrație în America, op. cit.*, p. 234.

Grupurile create de mode, deşi importante, nu sînt cele mai puternice dintre grupurile de prestigiu americane. Dimpotrivă, ele sînt destul de slabe şi efemere. Grupurile de prestigiu îşi găsesc ultimul refugiu tot în sînul universităţii. Universitatea americană − o organizaţie profund independentă, separată de stat chiar şi atunci cînd este finanţată de el − combină pulsiunile sale « marketizante » cu dorinţa de a epata şi domina pe alte criterii decît cele ale strictei popularităţi. Aceste criterii sînt înscrise în codul genetic al grupului de profesori universitari titulari, aşa-zişii *tenured professors*. Aceştia sînt numiţi pe viaţă şi nu pot fi demişi decît în cazuri extraordinare. Primirea în grup se face strict pe bază de recomandare şi acceptare prin consens, ca în orice club sau confrerie secretă. În interiorul acestei elite, prestigiul este singurul tip de legătură socială, iar acest prestigiu este validat de egali, organizaţi în atotputernicele consilii profesorale care acordă titulatura. Deşi criteriile formale de numire ca *tenured professor* sînt numărul şi valoarea publicaţiilor, acestea sînt, la rîndul lor, produsul procesului de recenzie anonimă. Recenzenţii sînt, de obicei, alţi *tenured professors*, care tind să se alinieze la valorile grupului lor. Acestea sînt, de regulă, omogene ideologic şi tind să perpetueze consensul de moment asupra variatelor probleme ştiinţifice. Faptul pune aspirantul la titularizare într-o situaţie similară cu cea din România : maeştrii sînt curtaţi, se fac profesiuni de credinţă proclamate şi se caută perpetuu alianţe. Odată admis în elita profesorilor titulari, omul o ia de la capăt, dar de astă-dată ca maestru, nu ca ucenic.

Calitatea de grup de prestigiu li se aplică şi unor universităţi întregi, cum sînt cele grupate sub titulatura Ivy League (Harvard, Princeton, Yale etc.). Admiterea la aceste universităţi se face − încă − şi pe baza apartenenţei la o familie notabilă, care i-a mai trimis şi pe alţi membri ai săi să facă şcoală acolo. Absolvenții lor au puternice legături informale, domină marile ziare, lumea politică și cea juridică[55]. Putem spune deci că lumea universitară americană combină structuri de clasă și de piață, mai ales în cazul profesorilor netitularizați, cu trăsături tipice grupurilor de prestigiu, aceasta în cazul profesorilor titulari.

Celebritățile românești între piață și grupurile de prestigiu

M-am străduit să schițez pînă aici nu numai deosebirea conceptuală dintre o societate bazată pe grupuri de prestigiu și una bazată pe relații utilitare, reglementate de cerere și ofertă, ci și zonele gri dintre ele. Sper că am reușit să trec dincolo de prezentarea « didactică » a două morfologii sociale. Am încercat să surprind atît avantajele, cît și dezavanta-

---

[55] S-a făcut multă zarvă în America și în lume în jurul apartenenței lui George Bush la o cabală a absolvenților Universității Princeton (ar fi fost – se spune – membrul clubului privat studențesc Skull and Bones, care, asemenea masoneriei, ar vrea să domine lumea). Deși fantezistă în detaliile ei concrete, această teorie a conspirației este alimentată de un adevăr binecunoscut : lumea politică și juridică este dominată de un anume tip de politician, legat prin experiențe directe de colegiile din Ivy League, în special din triunghiul Yale-Harvard-Princeton. Culmea ironiei este că în alegerile din 2004 contracandidatul lui Bush, democratul John Kerry, este el însuși absolvent al Universității Princeton și fost membru al societății Skull and Bones. Vezi Alexandra Robbins – *Secrets of the Tomb : Skull and Bones, the Ivy League, and the Hidden Paths of Power*, 1a ed., Little Brown, Boston, 2002.

jele fiecăreia, precum și să clarific faptul că starea de paramo-
dernitate nu e un fenomen unic sau esențialmente carpato-
danubian. Nu sînt nici pentru, nici împotriva grupurilor de
prestigiu sau a clasei intelectuale moderne românești (sau
americane). Nici nu cred că starea socială a intelectualității
românești este un blestem balcanic. Cred însă că, dacă gru-
purile de prestigiu continuă să dea tonul în România, echili-
brul ei moral și inventivitatea culturală românească vor fi
puse la încercare.

Ideologice sau nu, bune sau rele, reale sau imaginare, gru-
purile de prestigiu din America încearcă să țină piept asaltu-
lui pieței. În România, deși există semne că piața nu mai este
atît de slabă ca în urmă cu cîțiva ani, grupurile de prestigiu
încă domină cîmpul cultural. Piața culturală, ca și cea eco-
nomică românească, se afla tot într-o stare eufemistic zisă de
« tranziție ». În cel mai bun caz, aceasta înseamnă o cacofonie
de elemente specifice pieței, cum sînt publicațiile și institu-
țiile culturale independente sau relativ independente, trăind
într-o adesea incomodă frățietate cu puternice grupuri de
influență culturală, care se țin uneori în picioare prin pute-
rea lor ne-economică.

Piața culturală românească, dar și clasele care ar trebui să
o însoțească întîrzie să se maturizeze. Există chiar semne că,
deși o anume piață a apărut, ea tinde să fie una a schimburilor
între grupurile de prestigiu existente, sau între acestea și alte
sectoare instituționale și sociale, interne sau internaționale.

Mai mult, un fenomen ca H.-R. Patapievici arată că piața
poate fi manipulată de grupurile de prestigiu. Faima lui H.-R.
Patapievici, cum am văzut, a beneficiat de puternicul sprijin
al lui G. Liiceanu, care i-a pus la dispoziție lui Patapievici
întregul instrumentar de promoție și marketing al editurii
Humanitas. H.-R. Patapievici a devenit deci faimos *nu numai*
pentru că ar fi atins coarda imaginației populare – în special

prin coliziunea sa fortuită cu serviciile secrete –, ci și pentru că a fost îmbrățișat de cei care contează în cultura română.

H.-R. Patapievici mai este un fenomen demn de remarcat și pentru că apariția sa în chip de celebritate de piață ar fi trebuit să pună capăt epocii de împingere orbească a conținutului cultural către consumator. Ar mai fi trebuit să arate că producătorii autohtoni de cultură « populară » (în sensul american al cuvîntului) au învățat să manipuleze punctele slabe ale psihicului colectiv. Aceste abilități, deși potențial dăunătoare, facilitează ajustarea producției culturale la gustul publicului mediu. Omul de rînd consumator de cultură are de cîștigat, educația lui beneficiind de accesbilitatea crescută a multor idei și mode pînă atunci rezervate elitelor, iar dialogul cultural devine mai dinamic.

Din păcate, lucrurile nu s-au petrecut așa. Faima intelectuală a lui H.-R. Patapievici nu s-a legat direct de întîmplarea care l-a făcut celebru. Deși unele dintre eseurile sale sînt virulent anticomuniste și anti-Securitate, ele mizează pe cultura înaltă, enciclopedică și sînt recunoscute de cei care le apreciază mai mult pentru această tonalitate decît pentru forța lor polemică. În mod ironic, atunci cînd aspectul polemic este luat în considerare – cum a fost cazul *Omului recent* –, acesta este văzut mai degrabă sub aspectul conflictului cu modernitatea decît cu comunismul, iar reacția este predominant negativă. Singura încercare a lui Patapievici de a-și face un nume independent pe piața largă, prin textele relatînd experiențe erotice publicate în revista *Plai cu boi*, nu a fost primită cu mult mai mult entuziasm, ba a fost chiar tratată cu nedumerire în lumea intelectuală românească.

Ideile lui H.-R. Patapievici sînt populare numai în măsura în care publicul se forțează să creadă – pentru că autorul este atît de faimos – că sînt. Este eternul paradox al autorului de renume paramodern, nu numai român : chiar dacă se spune despre un asemenea autor că este ancorat în mituri împărtășite de cititorii săi (valoarea erudiției, puritatea morală, geniu etc.), el este de multe ori produsul articolelor și cărților destinate publicului larg, dar produse de elita intelectuală despre el, mai degrabă decît de el. Servite cu suficientă insistență, aceste mituri sfîrșesc prin a face parte din structura intelectuală a întregii societăți.

În România însă, declinul faimei și recepției lui Patapievici pare să sugereze că aceste teme sînt din ce în ce mai departe de subconștientul românului mijlociu. Obsesiile oamenilor de rînd, deși recesive în primii paisprezece ani de postcomunism, pot reveni în prim-plan oricînd. Naționalismul este, poate, cea mai importantă dintre ele, și ne putem aștepta oricînd la nașterea unei *media celebrity* în umbrele sale. Din acest punct de vedere, un moștenitor al lui Adrian Păunescu mai inteligent și mai fotogenic se poate înălța ca un soare în orice moment. Naționalismul și exploatarea nostalgiilor rurale au fost − și probabil sînt − mult mai bune materiale pentru fabricarea unei celebrități « de piață » decît ideile lui Kierkegaard. Tresărirea națională de sentimentalism a Cenaclului Flacăra a fost reală. Mă tem că *Lancea lui Horea* și *Rugă pentru părinți* (care acum pot fi ascultate și pe Internet) sînt rețete mult mai sigure pentru inventarea unei celebrități de duzină decît oricîte meditații filosofice.

Cum va evolua cultura românească este însă greu de apreciat. Deocamdată, putem doar constata că multe grupuri intelectuale combină metodele vechi cu cele noi de consacrare a « valorii ». O parte a sectorului economiei românești care negociază valori culturale (edituri, librării, ziare, reviste, *think tanks*) are o relație ambiguă cu economia de piață. Pentru a-și consolida poziția socială, mulți patroni (la propriu) ai culturii românești au practicat metodele de transfer ale puterii de prestigiu în sfera economicului folosite și de foștii

activiști și funcționari industriali care s-au « auto-împroprie-
tărit » prin emiterea de acțiuni la prețuri derizorii, acțiuni
cumpărate apoi de ei, de familiile și acoliții lor[56]. Această
sursă a alimentat mentalități colectiviste, ne-economice, în
lumea culturală. Mulți – dar nu toți și, poate, dispunînd de
o putere în declin – dintre cei care s-au ridicat de jos, *self-made
men* cu acte în regulă în jocul economico-cultural, au une-
ori o abordare ne-economică a afacerilor. În unele condiții,
ei practică un capitalism al consumului[57], în care accentul
nu cade pe folosirea mecanismelor economice pentru satis-
facerea clienților și pentru dezvoltarea afacerilor prin maxi-
mizarea profitului și reinvestirea lui. Obiectivul activității
economice este cheltuirea cît mai evidentă și mai rapidă a
acestui profit în scopul consolidării unei situații sociale.
Prioritare sînt promovarea propriului grup cultural și, nu în
cele din urmă, obținerea prestigiului care devine un obiect
de activitate *sui-generis*. Aici cred că poate fi încadrat și cazul
lui H.-R. Patapievici, care a fost promovat pentru crearea
de prestigiu, și nu neapărat de profit din vînzarea de carte
(deși, cu cît mai mult cărți vîndute, cu atît mai mare pres-
tigiul). Scopul lucrativ al economiei de piață, care ar impune
în primul rînd satisfacerea consumatorului – cel care, pînă la

---

[56] Este interesant de observat că însăși metoda de apropriere a
mijloacelor de producție în cele două sectoare este uluitor de asemă-
nătoare. Modul în care angajații-directori ai unor publicații de stat
au privatizat propriile lor instituții, prin răscumpărarea unor acțiuni
pe care ei înșiși le-au emis la prețuri de nimic, nu este cu nimic
deosebit de așa-zisa metodă MEBO, practicată de birocrația indus-
trială pentru a-și asigura poziții strategice în economia « de piață »
românească.
[57] Thorstein Veblen – *The Theory of the Leisure Class*, Penguin
Twentieth-Century Classics, Penguin Books, New York, 1994.

urmă, scoate banul din buzunar pentru a cumpăra producțiile culturale ale noilor veniți – contează mai puțin decît ar trebui. Trebuie însă spus că, uneori, clientul însuși cumpără un bun de prestigiu – o carte, de pildă – doar pentru a o pune la vedere. Îmi aduc aminte de biblioteca personală a unui mărunt activist de partid din Cluj, din anii '80, care, alături de grosul și scumpul volum *Omagiu*, dedicat lui Nicolae Ceaușescu, expunea cu mîndrie *Istoria religiilor* de Mircea Eliade și *Istoria literaturii române* de George Călinescu. Pe scurt, consumatorul participă și el la acest joc, acceptînd faptul că prioritățile culturale sînt cele impuse de grupurile de prestigiu, pe care le emulează, deși nu le înțelege, reprimîndu-și victorian propriile fantezii.

S-ar putea însă ca dominarea economiei de piață de către grupurile de prestigiu să nu mai dureze mult. În mediile de afaceri din România se crede că Editura Humanitas nu se mai află într-o fastă perioadă economică. O nouă generație de tineri intelectuali contestă autoritatea membrilor grupului de la Păltiniș, în timp ce susținătorii săi tradiționali par a se orienta către noi mode intelectuale. Alte grupuri de prestigiu, cum ar fi cenaclurile literare ori cele reunite în jurul unor reviste intelectuale, sînt și ele pe cale de a-și pierde din suflu. O astfel de evoluție pare să confirme tendința unui început de « derapaj », deși timid, către lumea dominată de piață.

Unele figuri culturale au reușit să se impună prin intermediul pieței. Este cazul criticului literar de la *Evenimentul zilei*, Luminița Marcu, care se adresează în primul rînd pieței, sau cel al lui George Pruteanu, devenit o voce culturală distinctă după succesul extraordinar pe care l-a avut cu emisiunea TV « Doar o vorbă săț-i mai spun… » și o voce de tenor politic cu variate disponibilități. Consumatorii se îndreaptă și ei spre alte orizonturi culturale. Revoluția televiziunii, îndeosebi cea prin cablu, a deturnat multe resurse financiare de la achiziția de cărți și reviste, care susține grupurile de prestigiu, către cea de televizoare și către abonamentul la cablu. Cultura pop (filmul monden, telenovelele, muzica nouă) a atras la sine o parte a publicului educat dar neinserat în circuitul de elită (ingineri, educatori, specialiști), care odinioară urmărea mult mai atent evenimentele culturale ale lumii de prestigiu. Astfel, o bună parte a publicului se depărtează de poziția de «susținător» pentru a-și satisface propriile aspirații, mari sau mici, nobile sau vulgare. Succesul televiziunilor private și al caselor producătoare de muzică arată că unii antreprenori de vise și obsesii mediatice – nu puțini cu fler pentru gustul public – au reușit să pună cap la cap o strategie de vînzări și publicitate care țintește exact acolo unde-l doare inima pe român.

Bătălia dintre intelectuali și piață abia începe. Intelectualii români și grupurile lor de prestigiu se vor opune, fără îndoială, acestui asalt. Dar, dacă vor să contribuie la succesul societății române, ei trebuie să facă din prestigiul lor mai mult decît un scut cu care să izoleze de forțele pieței ceea ce ei consideră a fi «cultura». Ei trebuie să devină adevărate exemple de probitate și înălțime intelectuală atît prin calitatea operei lor, cît și prin felul în care își fac ideile accesibile și interesante ca teme de dezbatere pentru audiență, pentru colegii lor și pentru piață. Această transformare va satisface nevoia publicului de a ști și de a participa la un act cultural național, dar va duce și la îmbogățirea spirituală a lumii românești.

Pașoptismul : liberalismul între colectivism și elitism

xistă în România contemporană un puternic și interesant curent liberal, în sensul istoric și european al cuvîntului. Este vorba de o mișcare care pune accentul pe rolul individului în societate, pe dreptul suveran al acestuia de a încheia contracte, inclusiv sociale, de a forma asociații și, în general, de a se bucura de ceea ce americanii numesc *the pursuit of happiness* (« căutarea fericirii personale »). O mulțime de cercetători, scriitori și politicieni contribuie în mod exemplar la propagarea acestui curent.[58] Neoliberalismul românesc la începutul secolului XXI are însă surprinzător de puține legături cu tradiția liberală locală. Nici măcar puținii

---

[58] Aurelian Crăiuțu – « A fi sau a nu fi liberal », *in Doctrine Politice : concepte universale și realități românești* (ed. Alina Mungiu), Editura Polirom, Iași, 1998 ; Caius Dobrescu – *Modernitatea ultimă : eseuri*, Editura Univers, București, 1998 ; Alexandru George – « Liberalismul românesc în specificitatea lui istorică » *in Doctrine politice* (ed. Alina Mungiu), Editura Polirom, Iași, 1998 ; Virgil Nemoianu – *România și liberalismele ei : atracții și împotriviri*, Editura Fundației Culturale Române, București, 2000. Vezi, de asemenea, activitatea Fundației « Horia Rusu » (http//www.horiarusu.ro) sau a organizației conduse de Dan Comănescu, traducătorul lui Ludwig von Mises în română (Ludwig von Mises – *Capitalismul și dușmanii săi : ce înseamnă laissez-faire ?* (trad. Dan Cristian Comănescu), Editura Nemira, București, 1998, disponibil la http://www.misesromania.org

« paleoliberali » români de substanță – cum ar fi H.-R. Patapievici, care se reclamă de la o tradiție liberală a secolului al XIX-lea – nu se prea justifică prin tradiția locală pașoptist-liberală.[59] Ei par să descindă mai degrabă din ramura junimistă a liberalismului local, cu tentațiile sale intelectualiste. Ceilalți autori neoliberali români contemporani, care modelează curentul liberal cu consecințe politice, îi citează pe Hayek, Locke și Hobbes mult mai frecvent decît pe Brătianu, C.A. Rosetti sau Bălcescu[60]. De ce se întîmplă acest lucru ? În acest eseu avansez ipoteza că neoliberalismul românesc de azi își croiește un nou drum în lume pentru că liberalismul clasic românesc a fost prea colectivist, mesianic, populist și naționalist ca să servească de ghid al gîndirii politice și culturale românești contemporane.[61]

Ce rost are însă să vorbim despre liberalismul românesc al secolului al XIX-lea ? În primul rînd, pentru că el poate fi văzut ca fondator al naționalismului colectivist și al sindromului mental care îi împarte pe români în « semizei » și « sub-

---

[59] « Paleoliberalii » locali, care se revendicau direct de la partidul lui Brătianu – de pildă, Dan A. Lăzărescu sau Ionescu-Quintus – au avut un impact « de culoare », nu de substanță, asupra dezbaterii de idei din România. Vezi Mircea Ionescu-Quintus – *Liberal din tată-n fiu*, Editura Vitruviu, București, 1996 ; Dan A. Lăzărescu – *Introducere în istoria liberalismului european și în istoria Partidului Național-Liberal din România*, Editura Viitorul Românesc, București, 1996.

[60] Dragoș Paul Aligică – « Liberalismul economic », *in Doctrine politice* (ed. Alina Mungiu), Editura Polirom, Iași, 1998 ; Cristian Preda – *Tranziție, liberalism și națiune*, Editura Nemira, București, 2001.

[61] Vezi eseul lui Cristian Preda din volumul *Occidentul nostru* (Editura Nemira, București, 1999) despre « liberalul » naționalist Zeletin, care promova protecționismul anticapitalist și colectivist, și concepția sa « insulară » asupra destinului națiunii române.

umani ». În al doilea rînd, pentru că, deşi sună paradoxal, primul liberalism românesc are şi părţile sale bune. Sau, mai bine zis, este şi bun, şi rău.

Liberalismul paşoptiştilor, deşi un drum înfundat, a fost unul onest şi absolut lipsit de complexe. Partizanii săi visau la o Românie-mesia, în care spiritul naţionalist avea să se întrupeze ca expresie a timpului şi a Providenţei mai bine ca oriunde altundeva în Balcani. Din acest instinct creator şi orgolios, dar fără nuanţe imperialiste, liberalismul « românist » a creat o încredere în sine pe care românii contemporani, liberali sau nu, au pierdut-o. În timp ce liberalii paşoptişti credeau şi se purtau ca nişte « europeni », modernizatorii contemporani, inclusiv cei liberali, sînt de multe ori încercaţi de dubii şi iau un ton de suplicanţi. Expresia preferată, « intrarea în Europa », deşi e un clişeu aproape depăşit instituţional, domină multe subconştiente româneşti. Discutînd aici părţile bune şi cele rele ale liberalismului paşoptist, voi încerca să arăt ce nu poate fi recuperat ca substanţă, dar şi ce poate fi util ca stil şi atitudine socio-politică din moştenirea acestuia.

La începutul epocii moderne, Moldova şi Valahia se aflau într-o situaţie cel puţin ciudată. Vasale, pe modelul feudal, Turciei şi controlate *de facto* de Rusia, ele foloseau deja instituţii şi idei occidentale[62]. Acestea se strecurau în principate printr-o mie de pori larg deschişi către Occident. Tînăra inteligenţie moldo-valahă – cuprinzînd deopotrivă nobili şi oameni de rînd – se trezeşte educată mai ales în spirit francez printr-o sumedenie de mijloace deja prezente în cele două

---

[62] Neagu M. Djuvara – *Între Orient şi Occident : Ţările Române la începutul epocii moderne (1800-1848)*, Editura Humanitas, Bucureşti, 1995.

țări : învățămîntul particular și public (pensioanele lui Vaillant și V. Cuenim, Sf. Sava), presa liberală franceză pe care o vedem circulînd în saloanele boierimii, dar mai ales participarea directă la viața mondenă franceză din era regelui-bancher Ludovic Filip I. În acest din urmă context, nimic nu întrece, probabil, participarea la cursurile de la Collège de France ale lui Michelet (1838-1851), Mickiewicz (1840-1844) și Edgar Quinet (1842-1845)[63]. Cei mai importanți tineri intelectuali ai momentului, viitori fondatori ai pașoptismului, au trecut prin toate aceste experiențe. Prin ele și-au însușit instrumentele simbolice ale lumii moderne : liberalismul, romantismul și naționalismul.

Contactul cu Occidentul nu i-a intimidat pe pașoptiști, ca persoane ; dimpotrivă, i-a stimulat și i-a întărit. S-ar putea spune chiar că le-a dat o încredere în sine exagerată, fondată pe credința − tipic romantică, dar exacerbată de condițiile locale − că generația lor și nația română în general au un rol mesianic în lume și o datorie de grup de a salva Orientul de la barbarie și tiranie. În beția acestei viziuni, unele idei de bază ale libertății personale și locale au fost ignorate sau chiar reprimate ideologic. Idealul egalității a fost ignorat, cînd nu

---

[63] Ion Breazu − *Michelet și Românii*, Tipografia CR, Cluj, 1935 ; Victoria F. Brown − « The adaptation of a Western political theory in a peripheral state », *in Romania between East and West : Historical Essays in Memory of C.C. Giurescu* (ed. Stefan Fisher-Galati, Radu Florescu, și Grigore R. Ursul), Eastern European Monographs, Columbia University Press, Boulder, 1982 ; J.G. Campbell − *French Influence on the Rise of the Roumanian Nationalism*, Arno Press, New York, 1971 ; Neagu M. Djuvara − *Între Orient și Occident : Țările Române la începutul epocii moderne (1800-1848), op. cit.* ; Eugen Lovinescu − *Istoria civilizației române moderne*, Editura Minerva, București, 1992.

a fost de-a dreptul înlocuit cu idealul elitar al distincției dintre «popor» și «geniu». Cum s-a ajuns la acest rezultat?

Totul începe cu o senzație, cu o vagă presimțire că în aer plutește ceva important, o scadență iminentă a istoriei. Ideea este exprimată de I. Heliade-Rădulescu într-o scrisoare către Negruzzi, la 15 octombrie 1836 : «Sîntem, domnule, într-o epocă și într-o stare cînd, dacă putem, nu trebuie să lăsăm nimic să întîrzie.»[64] Această stare de spirit se asociază cu anxietatea și nesiguranța generate de nehotărîrea și ipocrizia culturală a regimului regulamentar[65], care, deși profesa modernitatea, se și ascundea de ea în spatele privilegiilor aristocratice. Amănunt semnificativ, vodă Bibescu, răsturnat de Bălcescu, Rosetti, Heliade și Brătianu, obținuse un doctorat în drept în Franța[66]. O asemenea situație cerea mai mult decît un simplu apel la modernizare din partea tinerilor. Reprezentanții noii generații trebuiau să ceară o modernizare *nouă* și moral *superioară* celei impuse de regimul regulamentar de după 1829. Aveau nevoie de o nouă modalitate de exprimare, care să pună accentul pe spontaneitate, pe acțiunea directă. Romantismul, cu exaltarea stărilor emoționale, de creație imediată, oferea îmbrăcămintea cea mai potrivită acestor sentimente[67].

Nevoia de a antrena pe o pantă mai abruptă o societate deja aflată într-un proces de tranziție nu putea fi explicată

---

[64] Ion Heliade-Rădulescu – *Opere* (ed. D. Popoviciu), vol. 2, București, 1943, p. 487.

[65] Paul Cornea – *Originile romantismului românesc*, Editura Minerva, București, 1972.

[66] J.G. Campbell – *French Influence on the Rise of the Roumanian Nationalism, op. cit.*

[67] Paul Cornea – *Originile romantismului românesc, op. cit.*

decît printr-o ideologie distinctă. Aceasta trebuia, în plus, să explice de ce schimbarea era necesară *atunci*. Unealta cea mai potrivită a fost romantismul istoric francez. Pașoptiștii îmbrățișează romantismul pentru că, sub mantia lui, ei pot apărea ca eroi civilizatori, ca produsul unei istorii cu sens și ca un deznodămînt al multisecularei istorii românești[68]. Desigur, această viziune este puternic ideologizată, exagerînd tarele Regulamentului organic, dar, chiar așa fiind, ea nu e mai puțin interesantă.

Inspirația ideologică vine dinspre filosofia istoriei romantice, așa cum era ea practicată în Franța. Istoria, în această ipostază, este *prelucrată și contorsionată ideologic*. Scopul era construirea unei istorii exemplare, care să se desfășoare în virtutea unui țel dinainte cunoscut, pe cît posibil în legătură chiar cu transcendența, cu Dumnezeu[69]. Cînd, de exemplu, C.A. Rosetti declară că revoluția este momentul în care omenirea întreagă merge către Dumnezeu, el este foarte serios : «Nu nesocotiți această comparație, nu o treceți ușor cu vederea, căci noi o numim parabolă și de multe ori prin parabole și prin glasul unui prunc vorbește Dumnezeu[70].» Această filosofie a istoriei este universală. Ea explică și cere, în același timp, integrarea realității românești în cadrul mai larg al realității europene, al realității omenirii. Românimea există într-un concert de națiuni cu care trebuie să se miște sincron. Istoria românească exemplară se înscrie în modelul

---

[68] Lucian Boia – *Istorie și mit în conștiința românească*, Editura Humanitas, București, 1997.

[69] Lucian Boia – *Două secole de mitologie națională*, Editura Humanitas, București, 1999, *ibid.*

[70] C.A. Rosetti – *Gînditorul. Omul* (ed. Radu Pantazi), Editura Politică, București, 1969, p. 105.

mai larg al istoriei europene, al istoriei omenirii, căutînd, în ritm cu ele, același scop unic. Acest postulat este mai mult decît o idee. Este, pentru pașoptiști, un mod de viață și un îndrumar politic de zi cu zi.

Motorul teoretic al noii mișcări este găsit în filosofia «liberală» a istoriei lui Michelet[71]. Aceasta are în centrul ei națiunea, văzută ca un organism viu, cu un suflet nepieritor, ce o predispune la o soartă individualizată și necesară și, astfel, « ceea ce era înainte un argument devine acum un *fatum* », după expresia lui Paul Cornea[72]. Michelet a fost preferat nu numai pentru că era opțiunea «inevitabilă» a oricărui tînăr educat în Franța anilor 1830-1840. Scheletul concepției lui Michelet are în centru atît o idee mesianică, cît și una liberală, deși foarte specifică. Ea se întemeiază pe filosofia istoriei a lui Vico și se reazemă pe ideea că umanitatea se mișcă spre un țel predeterminat : libertatea popoarelor, adică dreptul lor de a se defini și afirma pe scena lumii ca entități autonome[73]. Evoluția către « libertate » este o mișcare ordonată, dirijată, pentru fiecare popor, de unica sa « înțelepciune populară » – *sagesse populaire* –, « secretată » de mase și obiect de studiu predilect al istoriografiei lui Michelet. El le va consacra de altfel maselor un studiu « de problemă » în celebra sa carte *Poporul*[74].

Popoarele (masele) dispun de un instinct sigur, izvor al creației populare și al dreptului, de o frăgezime și o spontaneitate comparabile cu ale copilului sau ale Bunului Sălbatic. Capacitatea de a fi ingenuu, spontan marchează un atri-

---

[71] Ion Breazu – *Michelet și Românii, op. cit.*

[72] Paul Cornea – *Originile romantismului românesc, op. cit.*, p. 426.

[73] Ion Breazu – *Michelet și Românii, op. cit.* ; Jules Michelet – *The People*, University of Illinois Press, Urbana-Champaigne, 1973.

[74] Jules Michelet – *The People, op. cit.*

61

but specific romantic, pe care Michelet îl acordă poporului. Această ingenuitate duce la creativitate și la progres. A evolua înseamnă a crește prin creație. Odată maturizat, un popor trebuie să devină autonom, independent.

Poporul nu există însă într-o formă generică, nu trebuie confundat cu întreaga umanitate. Poporul, în concretul istoric, există ca o anume națiune. Sensul istoriei este dat de diferențierea națiunilor. Evoluția lor este determinată de tendința « geniului național », a « sufletului » națiunilor de a se afirma în unicitatea lor. Umanitatea nu poate progresa către o stare de maximă creativitate și libertate decît prin menținerea lumii armonic divizată în diferite națiuni[75]. Sensul istoriei este dat de mai profunda specificare a națiunilor. O națiune căreia Dumnezeu i-a dat să existe este, în fond, indestructibilă. Națiunile, în momentul cel mai înalt de specificare, tind către două țeluri : dreptatea și iubirea. Dreptatea este ținta supremă, ea nefiind altceva decît emanația plenară a poporului[76]. Dreptul este unul dintre principalele elemente secretate de înțelepciunea populară. Iubirea este mijlocul prin care națiunile, odată diferențiate și libere, se vor accepta unele pe altele ca egale.

Preluînd acest model și aplicîndu-l societății românești, tinerii pașoptiști rețin însă numai faptul că libertatea este dată pentru poporul văzut ca un întreg, nu ca o colecție de indivizi. Ei « constată » că națiunea lor nu are existența garantată în lume, că ea nu poate participa la concertul european al națiunilor cu propria sa voce. Dar cum principatele fac, totuși, parte din familia țărilor europene prin așezare și prin descen-

---

[75] *Ibid.*
[76] Ion Breazu – *Michelet și Românii, op. cit.*

denţa din ginta latină, ele trebuie să-și recapete locul cuvenit, trebuie să devină ele însele. Pentru aceasta însă, trebuiau să scuture jugul străin și pe cei ce-l susţin în interior. Singura cale de a realiza această accepţiune a libertăţii este dobîndirea statutului european (şi deci modernizarea) prin revoluţie. O revoluţie în care românii să fie mai întîi independenţi ca naţiune şi apoi − şi secundar − ca fiinţe individuale libere şi egale, într-un stat − neprecizat − al dreptăţii și frăţiei.

Ajunşi aici, observăm că imaginea pașoptistă despre libertate şi liberalism pune accentul pe libertatea naţiunii, care este, în fapt, măsura tuturor lucrurilor. Acesta este punctul în care « viclenia istoriei » se manifestă cu cea mai neaşteptată « subtilitate ». Libertatea naţiunii subordonează libertatea individului. Pe termen lung, această credinţă va face ravagii în istoria românească pentru că distruge ideea că libertatea nu este numai pentru grup, ci și pentru fiecare ins în parte. Ea va duce la sindromul naţionalist, care preamăreşte virtuţile poporului, înţeles abstract, şi le neglijează pe cele ale fiecărui român în parte.

Acest aspect negativ al gîndirii pașoptiste este însă însoţit de cel puţin unul pozitiv. Accentuînd libertarea naţiunii, pașoptiştii se pun, direct şi fără sfială, în contextul « primăverii popoarelor » din anul 1848, ceea ce face din mişcările din Ţările Române nu revoluţii de recuperare şi de « ajungere din urmă a Europei », ci o parte integrantă a marelui curent.

Nu este vorba aici numai de o credinţă, ci şi de o realitate. Brătienii se simt şi sînt în Europa. În fapt, ei sînt « desantaţi » la Bucureşti de comitetul revoluţionar european şi se întorc în sînul acestuia pentru un număr de ani, după eşecul revoluţiei. Mişcarea « naţiunii române » este deci contemporană, ca sens şi semnificaţii, cu toate celelalte mişcări ale epocii. O spune C.A. Rosetti atunci cînd declară că revoluţia a fost declanşată nu de doi-trei oameni, nici de istoria particulară a românilor – în sensul că ar fi existat nişte cauze specifice, numai ale noastre –, ci ea este produsă de sensul general al istoriei ei universale, care ne mişcă şi pe noi înainte, laolaltă cu ceilalţi. « Vine acel moment cînd nu mai lucrează un om, nu mai lucrează un popor, ci omenirea întreagă porneşte, merge spre Dumnezeu ».[77] Deşi melodramatică, declaraţia este sinceră : prin revoluţie, naţiunea română arde etape şi devine sincronă cu toate celelalte popoare ale lumii aproape fără efort.

Această opinie este larg împărtăşită de paşoptişti. Bălcescu, în *Mersul revoluţiei în istoria românilor*[78], construieşte o periodizare – în parte fantezistă – a istoriei româneşti, ale cărei epoci şi secvenţe se suprapun, numai cu mici decalaje, pe istoria occidentală. Premisa acestei periodizări este clară : sincronismul procesului istoric românesc cu progresul omenirii. « Ea [revoluţia de la 1848] fu o fază, o evoluţie naturală, neapărată, prevăzută a acelei mişcări providenţiale care tîrăşte naţiunea română împreună cu toată omenirea pe calea nemărginită a unei dezvoltări progresive, regulate către ţinta prea înaltă pe care Dumnezeu ne-o ascunde şi unde el ne aşteaptă. »[79]

Bălcescu dezvoltă în continuare teoria celor patru faze ale istoriei românilor, pentru a demonstra că, dacă ne uităm cu atenţie, lumea românească s-ar afla înaintea celei franceze. El spune : istoria românească a trecut prin faza autoritarismului domnesc, a statului boieresc, a statului fanariot (sau burghez, cum spune el) şi a celui ciocoiesc (sau birocratic). Aceste

---

[77] C.A. Rosetti – *Gînditorul. Omul, op. cit.*, p. 152.

[78] Nicolae Bălcescu – *Opere, texte, note şi materiale* (ed. Gheorghe Zane şi Elena Zane), vol. 3, Editura Academiei, Bucureşti, 1974.

[79] *Ibid.*, p. 107.

faze – în treacăt fie spus, ale unei decăderi continue – își află corespondent în istoria europeană, cu mențiunea că Franța, țara-model, ajunsese numai în starea statului burghez.

În atmosfera socializantă a epocii, la numai doi ani de la apariția *Manifestului partidului comunist* al lui Marx și Engels[80], unii dintre pașoptiști așteptau nu numai trecerea în neființă a lumii feudale, ci chiar zorile socialismului la gurile Dună-rii. O mărturisește Rosetti la un moment dat într-o scrisoare către Ion Ghica : « Nu ai tu, ca și mine, asigurarea că, în cu-rînd – mîine, poate, peste un an, peste doi, peste trei – so-cialismul o să triumfe ? »[81] Sindromul « rămînerii în urmă », mult mai prezent cu douăzeci de ani în urmă la Dinicu Golescu, este aproape inexistent la 1848. Accentul pus pe revoluția sincronă este sincer și necomplexat. Două sînt explicațiile acestei situații. Una este faptul incontestabil că tinerii noștri, ca persoane, sînt sincronizați perfect cu Europa. Alecu Russo, ca și frații Golești, mînuia franceza mai bine decît romana, iar Dumitru Brătianu a stat aproape zece ani la Paris înainte de 1848[82]. A doua, care ar putea justifica mai bine senzația reală de sincronizare a luptei și a revoluției lor cu cele europene, este caracterul preponderent național al luptei lor, integrate lanțului de lupte europene ale « primă-verii popoarelor ». Scopul lui 1848 a fost, cel puțin în Mun-tenia, acela de a îndepărta protectoratul țarist și de a afirma autonomia deplină într-un Imperiu Otoman prea slăbit pen-tru a ne controla cu adevărat. Lucrul era absolut normal din moment ce pașoptiștii puneau termenii revoluției de la 1848

---

[80] Karl Marx – *Selected Writings, op. cit.*
[81] C.A. Rosetti – *Gînditorul. Omul, op. cit.*, p. 156.
[82] J.G. Campbell – *French Influence on the Rise of the Roumanian Nationalism, op. cit.*

în primul rînd în limbajul relațiilor internaționale. I.C. Bră-
tianu, în articolul său postrevoluționar «Naționalitatea», spu-
nea : « Omenirea ajunsese cu dezvoltarea ei în punctul acela
în care nu mai era cu putință a trăi în despărțire, retragere și
pustiire ; că omenirea a ajuns la o unitate de organism, încît
orice mădular se va despărți pierzînd izvorul vieței, se pierde
cu totul. »[83] În opinia sa, după ce, la 1821, «dobîndirăm re-
cunoașterea națională», la 1848 am putut recupera distanța
ce se stabilise între noi și civilizația occidentală, și am reușit
să devenim chiar propagatori ai democrației în Orientul ame-
nințat de autocrația țaristă.

Obsesia națională îi face însă pe pașoptiști să refuze drep-
tul indivizilor sau chiar al anumitor clase − mai ales cea
mijlocie, multă, puțină, cîtă era − de a avea o voce distinctă
în stat. În cel mai bun caz, clasa de mijloc trebuia să se iden-
tifice cu națiunea, să se «scufunde» în ea. Corpul civic se
identifică, în viziunea pașoptiștilor, cu cel politic și cu cel
național, după cum pare să creadă Brătianu : « Unii de bună
credință, luînd această nouă societate drept o clasă, o nu-
mesc burghezie, sau clasa de mijloc ; chiar de-ar fi ea o clasă,
numele ce i-l dau de burghezie, sau de clasă de mijloc, ar fi
impropriu într-o țară unde nu este o clasă de sus, o nobleță
[...] ea nu este o clasă, ci România regenerată [...] căci se
luptă nu contra unei clase, ci contra unui regim ce fu creațiu-
nea străinilor pentru apărarea, deznaționalizarea și subju-
garea acestor țări. »[84]

Costul accentului pus pe aspectul național al schimbării
este înecarea libertății individuale, un preț foarte mare. Ge-

---

[83] Ion C. Brătianu − *Acte și cuvîntări*, vol. 1, Editura Cartea Ro-
mânească, București 1935, p. 38.
[84] *Ibid.*, vol. 1, p. 221.

nerația pașoptistă se va concentra exclusiv asupra eliberării și consolidării statului național, uitînd de libertatea și demnitatea personală. Prăpastia socială dintre boieri și țărani, deși evidentă, a fost fie pusă pe locul doi, fie tratată în termeni paternaliști. Mai mult, ideea de pluralitate socială și politică a avut de suferit. Ideea că națiunea este realitatea ultimă, că este o entitate cu un suflet mai mare decît suma părților sale tinde să acopere ideea că diferențele individuale sînt de dorit. În epoca de dinaintea Unirii, C.A. Rosetti declara : « Primejdia este pentru cei ce sîntem împărțiți în partide, orbiți de patimi și interese personale și nu mai credem în unitatea și puterea nației noastre [...] Să fim o nație, strigarăm mai întîi și apoi vom vedea cum vom mobila înăuntru. »[85] Pentru Bălcescu, chiar idealul de frunte al epocii liberale de la mijlocul secolului al XIX-lea, libertatea însăși trebuie să încline steagul în fața ideii naționale : « Pentru mine chestia naționalității o pui mai presus de libertate. Pînă cînd un popul nu va exista ca nație, n-are ce face cu libertatea. Libertatea se poate lesne re-dobîndi, cînd se va pierde, iar naționalitatea nu. »[86]

Tensiunea dintre diversitatea și unitatea de voință, dintre sufletul națiunii și dreptul insului de a vedea lucrurile diferit nu e văzută în întregime dintr-o perspectivă antiindividualistă. Dar, chiar și atunci cînd individualității i se recunoaște dreptul de a influența realitatea de zi cu zi, lucrul se petrece sub regimul excepțional al « eroului salvator », ca să folosim formula lui Lucian Boia[87]. Numai eroul poate fi puternic

---

[85] C.A. Rosetti – *Gînditorul. Omul, op. cit.*, p. 156.

[86] Nicolae Bălcescu – *Opere, texte, note și materiale*, vol. 2, *op. cit.*, p. 237.

[87] Lucian Boia – *Istorie și mit în conștiința românească, op. cit.*

individualizat. Individualitatea poate exista, este chiar prețuită, dar numai atunci cînd se manifestă ca un Mihai Viteazul, Ștefan cel Mare, Ioan Vodă cel Cumplit sau Tudor Vladimirescu. Adevărații indivizi, în concepția romantic-pașoptistă, sînt rari și extraordinari. Ei nici nu aparțin cu totul regnului omenesc. Sînt mai degrabă niște semizei, meniți să unească spațiul terestru, al vieții cotidiene, cu cel sacru, al Istoriei cu majusculă și al sensului vieții[88].

Această idee este și ea rodul romantismului francez. Michelet crede că poporul este numai un fundal pentru omul de geniu, pentru erou[89]. Deși geniul este, în esență, o altă ipostază a poporului, un medium, o voce a mulțimii, el are capacitatea unică de a focaliza și exprima coerent și conștient voința maselor. În acest spirit superior, spune Michelet, înțelepciunea și instinctul sînt așa de bine armonizate, încît aici trebuie să căutăm modelul tuturor acțiunilor sociale. Spiritul omului de geniu este divin pentru că este creat în imaginea lui Dumnezeu, creatorul maselor și al geniului deopotrivă. El este «cetatea interioară» pe care stau temeliile «cetății exterioare» (statul și societatea)[90]. C.A. Rosetti, cu frazeologia lui stufoasă, încearcă să ne explice același lucru : « Unirea deplină a *inspirației* [poporului] cu *reflecția* celor învățați produce ideile cele adevărate și mîntuitoare. »[91]

Această demonstrație îi este aplicată și realității românești. Pașoptiștii afirmă mai întîi, ca și Michelet, că totul în viața socială este rodul acțiunii maselor. Revoluțiile, de pildă, izvorăsc din adîncurile acumulărilor de antagonis-

---

[88] *Ibid.*
[89] Jules Michelet – *The People, op. cit.*
[90] *Ibid.*
[91] C.A. Rosetti – *Gînditorul. Omul, op. cit.*, p. 168.

me, din suferințe și din răspunsul poporului la suferință. Spune Rosetti, vorbind despre evenimentele din Țara Românească de la 1848 : « Nu este nimeni ce nu poate să ne zică că cîțiva intriganți și ambițioși, cu minciuna și sărăcia lor, răsturnară o instituție înrădăcinată de atîția ani ; prin urmare revoluția a făcut-o toată nația, începînd de la Vilara și mergînd pînă la căpitan Costache. »[92] Revoluția a căutat să obțină « ridicarea plebeianismului la putere », adaugă Bălcescu[93].

Pașoptiștii liberali folosesc însă masele ca un fundal pentru « eroii salvatori »[94]. În fapt, principala preocupare a pașoptiștilor și a urmașilor lor liberali direcți este explicarea felului în care eroii, îndeosebi voievodali, apar în momentele de criză pentru a salva națiunea de la catastrofă. De aceea, pașoptismul este mai degrabă asociat în mentalul popular cu marii voievozi canonici ai istoriei românești (Mihai Viteazul, Ioan Vodă cel Cumplit etc.), asociere facilitată de faptul că pașoptiștii și posteritatea lor liberală au beneficiat de un număr de istorici redutabili.

De altfel, dacă avem în mentalitatea românească o puternică credință în mistica eroului, lucrul se datorează în bună măsură scrierii, dar mai ales *rescrierii* istoriei canonice românești de către pașoptiști și liberali. Istoricii liberali – atît cei din prima generație, cum ar fi Bălcescu, cît și cei din a doua, cum ar fi Xenopol sau Hasdeu – au avut o importanță covîrșitoare în stabilirea canonului istoric românesc[95]. Ei au

---

[92] *Ibid.*, p. 105.
[93] Nicolae Bălcescu – *Opere, texte, note și materiale*, vol. 2, *op. cit.*, p. 110.
[94] Lucian Boia – *Istorie și mit în conștiința românească, op. cit.*
[95] *Ibid.*

scris istorii romantice ale românilor care pun accentul pe eroul salvator. Așa cum observă Lucian Boia, « ideologia liberală a secolului al XIX-lea a aderat, cu ezitări și excepții nu foarte semnificative, la portretul-robot al unicului stăpînitor, părinte aspru, dar drept, apărător al tradiției și al ordinii, salvator al integrității și independenței țării »[96].

Faimoasa istorie a lui Mihai Viteazul, scrisă de Bălcescu[97], are un clar scop polemic și propagandistic, justificînd în parte un program politic de redeșteptare națională[98]. În subsidiar însă, imaginea eroului salvator estompează scopurile sociale ale revoluției, după cum istoria lui Mihai minimizează faptul că Mihai Viteazul este unul dintre primii domni români de la începutul epocii moderne (în context european) care reactualizează instituția feudală a șerbiei. Mihai, deși văzut de unii cercetători ai istoriei românești ca un condotier în căutare de faimă personală, este înălțat de Bălcescu la imaginea eroului eliberator, care redeșteaptă conștiința națională[99]. În istoria lui Bălcescu, ideea principală este aceea că Mihai a întrupat cel mai bine spiritul etern al românismului – viteaz, integru, mîndru – și că modelul său de acțiune voluntară, eroică trebuie urmat. Pe scurt, numai un erou călăuzitor ca Mihai ne putea scoate din impasul istoric al secolului al XIX-lea. În subtext, simțim chiar că Bălcescu ne spune că, dacă ne aflăm într-o situație de subordonare la mijlocul secolului al XIX-lea, nu e pentru că poporul nu e destul de brav, ci pentru că îi lipsește « eroul salvator ».

---

[96] *Ibid.*, p. 285.
[97] Nicolae Bălcescu – *Românii supt Mihai-Voievod Viteazul*, Editura 100+1 Gramar, București, 2002.
[98] *Ibid.*
[99] Lucian Boia – *Istorie și mit în conștiința românească, op. cit.*

Filonul intelectual și politic liberal, aflat în căutare de mo-
dele politico-istorice, merge chiar mai departe în re-sem-
nificarea figurilor istorice domnești pentru a justifica indirect
datele prezentului. Tot Lucian Boia atrage atenția asupra
carierei istoriografice a lui Ioan Vodă cel Cumplit. Deși cro-
nicile contemporane subliniază, e drept, în chip partizan, dar
nu nefondat, cruzimea ieșită din comun a efemerului dom-
nitor moldovean de la sfîrșitul secolului al XVI-lea (1572-
1574), istoricii liberali, precum Hasdeu sau Xenopol, îl de-
scriu pe acesta ca pe un reprezentant al modernității politice.

Pentru istoricii liberali ai secolului al XIX-lea uciderile
de boieri și fețe bisericești, care l-au făcut pe Ioan Vodă
faimos, dar și urît de popor[100], sînt justificate din perspecti-
va nevoii de conducere hotărîtă în folosul « maselor » și cu
scop modernizator. Hasdeu, în special, susține că Ioan Vodă
ar fi fost un mare administrator și om politic, profund mo-
dern, un reprezentant al maselor, care ar fi înțeles nevoia de
reformă socială, trecînd peste opoziția aristocratică[101].
Xenopol, a cărui temperanță intelectuală este mult mai
cunoscută decît cea a lui Hasdeu, se aliniază la această jude-
cată. Cei doi istorici de orientare liberală iau o asemenea po-
ziție pentru că, așa cum afirmă Boia, ei sînt « adversari ai
boierilor și partizani ai reformei sociale, ai progresului în
genere. O acțiune politică de asemenea anvergură nu se
putea însă realiza decît printr-o guvernare autoritară. Scopul

---

[100] Lucian Boia ne reamintește felul în care cronicarul Azarie îl
imortalizează pe Ioan Vodă, un domnitor cu « nărav de fiară », care
« le-a jupuit pielea [boierilor] ca la berbeci, pe alții i-a sfîrtecat în
patru și pe unii i-a îngropat de vii, ca morții » – în *Istorie și mit în
conștiința românească, op. cit.*, p. 293.

[101] Lucian Boia – *Două secole de mitologie națională, op. cit.*

era liberal, mijloacele mai puțin. Judecata lor istorică privea, desigur, o epocă de mult apusă, dar prin ea străbătea o anumită mentalitate politică : cultul „salvatorului" și imperativul ordinii sociale și solidarității naționale »[102].

Această căutare de salvatori ai poporului, ce insistă asupra unei perfecte coeziuni sociale, în care masele se pierd într-un fundal fără culoare, dar pe care strălucesc liderii, va deveni cu timpul parte din structura mentală populară. La nivelul culturii politice, efectul va fi legitimarea ideii de lider autoritar și a acțiunii voluntare, chiar despotice, dacă interesele națiunii o cer. Ea va justifica un număr de episoade cruciale din istoria contemporană, începînd cu autoritarismul lui Cuza – scuzat de contemporani, dar și rejustificat periodic de posteritate – și terminînd cu dictatura lui Nicolae Ceaușescu. Nu întîmplător, panteonul ceaușist a fost populat cu sfinții (Mihai Viteazul) și părinții (Bălcescu) « bisericii » pașoptiste.

Am ținut să expun acest paradoxal raport dintre eroi și mulțimi pentru a semnala originile unei caracteristici tulburătoare a culturii (în înțelesul antropologic) românești : mentalitatea pentru care, în viața socială și politică, individul de rînd nu contează aproape deloc, românii fiind împărțiți în subumani și eroi. Îmi aduc aminte de vorbele pline de amărăciune ale mamei mele, care repeta la sfîrșitul anilor '80 că nimic nu se va schimba, că totalitarismul nu va dispărea prin efortul nostru, « al celor mici ». Mama, care făcea parte din valul de locuitori rurali migrați la oraș în anii '50-'60, credea cu tărie în schimbare, dar cu aceeași tărie credea că aceasta trebuie să vină de sus, de la niște « eroi salvatori ». Drept urmare, a votat de cîteva ori cu cei care i se părea că

---

[102] *Ibid.*, p. 295.

jucaseră acest rol în Decembrie 1989, Ion Iliescu și colegii săi. Convingerea mamei că « noi », cei mici, nu putem schimba nimic, că e nevoie de un erou, de un « geniu » ca să schimbe lucrurile era alimentată de educația ei școlară și de experiența mediatică din anii comunismului, ambele populate de miturile pașoptismului reciclat de naționalismul lui Nicolae Ceaușescu. Mama îmi repeta că schimbarea trebuie făcută de cineva ca Tudor Vladimirescu, care va conduce o răscoală cu adevărat populară. Ca să fim drepți, putem însă adăuga că această imagine mentală a mamei mele, acoperind o lume mixtă, urban-rurală, poate fi și reflexul credinței țăranului român că, chiar mutat la oraș, el este doar un tolerat, o entitate insignifiantă, care nu poate nici măcar aspira să influențeze viața națiunii. Fenomenul nu este strict românesc – cercetători ca Almond, Nie, Pye sau Verba îl sesizează în multe țări aflate în tranziția către modernitate[103]. De pildă, în Turcia, un țăran, întrebat în cadrul unei anchete sociologice « ce ai face dacă ai fi președintele țării », le-a răspuns cercetătorilor americani : « Doamne ferește să ajung eu președintele Turciei ! »[104]

Mai important însă cred că este faptul că această mentalitate, inventată sau consolidată în România de pașoptiști, a devenit nu numai o credință populară, ci și parte a etosului intelectual românesc. Ideea că lumea este împărțită în genii

---

[103] Gabriel Abraham Almond și Sidney Verba – *The Civic Culture : Political Attitudes and Democracy in Five Nations*, ed. nouă, Sage Publications, Newbury Park, 1989 ; Lucian W. Pye și Sidney Verba – *Political Culture and Political Development*, Princeton University Press, Princeton, 1965.

[104] Lucian W. Pye și Sidney Verba – *Political Culture and Political Development*, op. cit.

și admiratorii lor stă la baza fenomenului «grupurilor de prestigiu». Grupurile intelectuale românești au fost și sînt adesea structurate pe modelul geniului înconjurat de admiratori. Acest model favorizează promovarea culturală nu pe criterii obiective de valoare, măsurate prin popularitate sau vandabilitate, ci prin acceptarea și «ungerea» geniilor de către alte «genii», o situație mai mult feudală decît modernă. Ascensiunea lui H.-R. Patapievici, prin ungerea lui de către moștenitorii grupului de la Păltiniș, mi se pare cea mai bună ilustrare a acestui fenomen.

În concluzie, primul liberalism românesc, născut din pîntecul pașoptismului, a fost un fenomen complicat, cu aspecte pozitive și negative. El a promovat o idee colectivistă de «libertate», dublată de o concepție elitistă de structurare a acțiunii politice. În același timp, liberalismul de la 1848 a fost unul dezinhibat și entuziast, pus pe treabă și avînd scopuri precise, pe care le-a urmărit cu tenacitate și succes (Unirea și independența). Acest prim grup modern coerent al istoriei noastre intelectuale – un grup al inteligenției considerîndu-se pe sine moralmente obligată să acționeze pentru modernizarea și consolidarea țării ca stat independent – a fost animat de bune intenții.

Din punctul de vedere al ideologiei lor, pașoptiștii erau foarte convinși de utilitatea acțiunii lor politice și culturale. Le lipsea însă, mai ales la 1848, un plan concret, vizibil de guvernare pe deplin liberal (în sens social), ceea ce i-a făcut să ignore primejdia naționalismului, văzut ca o forță colectivistă. Generoși și bine intenționați cum erau, pașoptiștii au lăsat însă și unele indicii cum că democrația internă și egalitatea ar fi putut să fie, totuși, importante. În dialogul dintre un comisar de propagandă și un orășean imaginat de Bălcescu pentru a servi de catehism revoluției viitoare apare acest schimb de replici: «Orășeanul: Dar am auzit zicînd că la noi n-ar putea fi o republică democratică, căci poporul nostru nu este destul de luminat și martor pentru libertate [...] ca un necopt și un nevîrstnic la minte [...] Comisarul : Adevăr că poporul nostru nu este destul de luminat cu învățătura, dar tocmai pentru aceasta are trebuință de instituții libere ca să se poată lumina [...] Viața publică este buna creștere și învățătura bărbaților [...].»[105] Acest deziderat rămîne însă de împlinit. Probabil că a doua generație a liberalismului românesc îi va da viață.

---

[105] Nicolae Bălcescu – *Opere, texte, note și materiale*, vol. 2, *op. cit.*, p. 129.

Junimismul :
un liberalism
tehnocratic

n eseul despre pașoptism am încercat să demonstrez că liberalismul românesc al primei generații modernizatoare, cea de la 1848, a fost unul impur și cel puțin neatent la rolul individului în societate. Pașoptismul a cultivat ideea că actorii istoriei sînt fie masele nediferențiate, fie « omul de geniu », semizeul care focalizează acțiunile maselor și le dă sens. De aceea, spuneam, neoliberalismul român de azi nici nu ar putea recupera prea mult din moștenirea « liberală » locală. Cu toate acestea, există în România un « paleoliberalism », reprezentat de autori ca H.-R. Patapievici, care pare a se reclama de la o a doua tradiție liberală locală.

Acest al doilea liberalism este însă mai greu de recunoscut pentru că nu s-a numit pe sine « liberal » decît în glumă sau pe un ton polemic. În fapt, reprezentanții săi au spus mereu că sînt conservatori. Este vorba de oameni politici și de intelectuali ca Maiorescu, Gheorghe Panu or P.P. Carp, altfel cunoscuți și ca junimiști sau ca membri ai generației « criticiste ». Voi încerca aici să re-demonstrez că junimismul este o versiune de liberalism cu limite. Exercițiul nu e nou : l-au mai fãcut Z. Ornea[106] sau Caius Dobrescu[107]. În timp ce

---

[106] Z. Ornea – *Junimea și junimismul*, Editura Eminescu, București, 1978.

[107] Caius Dobrescu – *Inamicul impersonal*, *op. cit.*

77

Z. Ornea trasa limitele junimismului din perspectiva marxismului și a ideologiei partidului comunist, aflat la conducerea țării în anii '70, reproșîndu-i limitele de clasă date de presupusa aliniere la moșierime, Caius Dobrescu atrăgea atenția asupra limitelor impuse liberalismului junimist de elitism. Eseul de față continuă această din urmă critică, adăugînd că elitismul se alimentează din resursele intelectuale ale pozitivismului, ducînd la adoptarea unui ideal politic tehnocratic.

Începem discuția cu afirmația că junimismul are anumite convingeri comune cu pașoptismul, «vărul» său ideologic întru liberalism. În ciuda divergențelor și polemicilor pe care le-au avut cu pașoptiștii, junimiștii trăiesc o viață intelectuală influențată de același model cultural ca și adversarii lor : credința în progresul ineluctabil[108]. Atît generația pașoptistă, susținătoare a schimbării radicale a societății românești, cît și generația junimistă, care reconsideră ritmurile și formele instituționale ale acestei schimbări, cred cu tărie în necesitatea progresului.

Însăși structura societății românești în curs de modernizare le cerea tuturor actorilor politici – mai ales celor care acceptaseră instituțiile occidentale – să recunoască faptul că societatea românească era forțată de mersul lucrurilor omenești să-și schimbe instituțiile și spiritul. Modernizarea ca factor de legitimare a noii clase politice implică invocarea unui principiu teoretic – chiar «științific» – pentru justificarea autorității (doar ne aflăm într-un secol scientist !). Și care ar putea fi acel principiu dacă nu tocmai cel al evoluției necesare, al progresului necontenit ?

---

[108] Caius Dobrescu – *Modernitatea ultimă : eseuri*, Editura Univers, București, 1998 ; Z. Ornea – *Junimea și junimismul, op. cit.*

Faptul că și « conservatorii » lui Maiorescu sînt progresiști n-ar trebui să ne mire. În definitiv, ei se declară de-a dreptul adepți ai lui Spencer și Buckley – este celebră afirmația lui Maiorescu : « Noi judecăm mai mult englezește evoluționar, decît franțuzește revoluționar. »[109] Maiorescu repetă, de altfel, în cîteva rînduri că partidul conservator, departe de a fi un partid « feudal », pur boieresc, este un partid al opțiunilor politice temperate înainte de toate. Pentru a « lua caimacul adversarilor », chiar el declară că partidul conservator este cel mai îndreptățit a se numi liberal, pentru că acesta crede la fel de tare în instituțiile europene și în modernizare ca și liberalii declarați[110].

Ce deosebește atunci cele două tabere ? Chestiunea depășește temperamentul, deși e evident că unii preferă acțiunea rapidă, răsturnătoare, iar ceilalți sînt adepții sedimentărilor ideologice și instituționale. Cele două opțiuni teoretice țin de două moduri diferite de a înțelege lumea. Chiar dacă se înrudesc în spiritul modernității secolului al XIX-lea, ele înțeleg modernitatea profund diferit. Ca și britanicii și americanii, despre care se spune că sînt două popoare despărțite de o limbă comună, pașoptiștii și junimiștii sînt două tabere ideologice separate de un Rubicon intelectual comun. Căci fiecare grup decodifică în felul său înțelesul și motorul progresului – progres pe care ambele îl acceptă ca pe un dat social.

Pentru pașoptiști, progresul înseamnă năzuința către republică ori către o monarhie constituțională slabă ; pentru

---

[109] Titu Maiorescu – *Discursuri parlamentare cu privire asupra desvoltării politice a României sub domnia lui Carol I*, vol. 1, Socec & Co., București, 1897, p. 46.

[110] *Ibid.*, vol. 1, p. 81.

junimiști, către o puternică monarhie constituțională, ce se sprijină pe o aristocrație de merit.[111] Pașoptiștii sînt organiciști, vitaliști, punînd accentul pe elanul vital al națiunilor, dialectic legate de personalitățile de excepție care le focalizează aspirațiile și le aduc «în starea critică revoluționară», conform schemelor lui Michelet sau Hegel. Generația criticistă este, dimpotrivă, convinsă că mișcarea înainte se face printr-o acumulare de abilități, cunoștințe, tradiții, păstrate și administrate de o elită intelectuală înțeleaptă, al cărei rol este acela de a conduce procesul și de a asigura o anumită puritate rațională în actele și valorile umane[112].

Opțiunea trădează o importantă caracteristică a junimismului în calitatea lui de curent social-politic : aspirația intelectualilor de a accede la putere, des întîlnită în estul Europei[113].

---

[111] Merită comparat, de pildă, Bălcescu în *Mersul revoluției în istoria Românilor* sau Brătianu în declarațiile sale fulgurante despre rolul românilor de a «înfățișa democrația în Europa Orientală» (Ion C. Brătianu − *Acte și cuvîntări*, vol. 1, *op. cit.*, p. 22), cu modul în care Maiorescu discută legitimitatea momentului 1848. În mare, cei trei cad de acord că 1848 a fost un moment necesar și că Țările Române erau împinse înainte de un impuls evoluționar, ba chiar că ele aveau o misiune mesianică, fiind «vîrful de lance al progresului» în Balcani. Deosebirile de vederi apar în privința scopului acestei evoluții și a misiunii noastre balcanice. Pentru pașoptiști, țelul era unul democratic și, probabil, republican. Pentru Maiorescu, misiunea României era să ducă mai departe ideea monarhică, și nu cea democratică, în Răsărit (Titu Maiorescu − *Discursuri parlamentare cu privire asupra desvoltării politice a României sub domnia lui Carol I*, vol. 1, *op. cit.*, pp. 48-53).

[112] Caius Dobrescu − *Inamicul impersonal, op. cit.*

[113] Gyeorgy Konrad și Ivan Szelenyi − *The Intellectuals on the Road to Class Power*, 1a ed., Harcourt Brace Jovanovich, New York, 1979 ; Virgil Nemoianu − *România și liberalismele ei : atracții și împotriviri, op. cit.*

Junimismul este teoria politică a unui clasic grup de status – ca să folosim termenul lui Weber – care reclamă legitimitatea politică în numele educației și al culturii, iar nu al averii sau al accesului privilegiat la puterea politică[114]. Ideea că progresul este o mișcare ce trebuie cultivată și altoită, acolo unde este necesar, pe tulpini plăpînde este un alt fel de a spune că grădina progresului are nevoie de un grădinar. Iar grădinarul este un intelectual, un învățat într-ale cultivării popoarelor. Deși nu se crede un geniu sau un semizeu, « bunul păstor » intelectual junimist se crede membru al unei confrerii de inși aleși și privilegiați. Privilegiul nu este neapărat văzut prin prismă aristocratică, dar este, totuși, un privilegiu, și anume unul care nu trebuie contestat, în parte pentru că se consideră meritat. Privilegiul se întemeiază pe prestigiu.

Așadar, dacă pașoptismul excelează prin alinierea sa la populismul revoluționar, junimismul se află pe poziții elitiste. Așezarea sa pe axa ierarhiilor sociale nu trebuie însă să ne ducă în confuzie : elitismul nu exclude progresismul, dimpotrivă, progresul este văzut ca un apanaj al elitelor, mai ales în țările subdezvoltate, în care prestigiul este o distincție ce

---

[114] Harry Benda – « Non-Western intelligentsias as political elites » in *Political Sociology. A reader.* (ed. S.N. Eisenstadt), Basic Books, New York, 1971 ; Michael Confino – « On intellectuals and intellectual traditions in 18th and 19th century Russia », *in Daedalus*, primăvara, 1972 ; Caius Dobrescu – *Inamicul impersonal, op. cit.* ; Andrew C. Janos – *East Central Europe in the Modern World : the Politics of the Borderlands from Pre- to Postcommunism*, Stanford University Press, Stanford, 2000 ; Andrew C. Janos – « Gentry in the modern world. The Romanian boyars and Hungarian nobles in the rising national state », comunicare prezentată la Asociația Internațională de Studii Sud-Est Europene, al treilea Congres Internațional, București, 1974.

implică datoria socială de a duce națiunea către limanul pros-
perității și civilizației. De aceea, junimiștii se cred la fel de
(dacă nu mai) îndreptățiți să conducă românimea la țărmul
modernității ca pașoptiștii.

Unii au spus deja, iar alții au lăsat să se înțeleagă că ideea
centrală a acțiunii politice și ideologice junimiste, ideea
« formelor fără fond » − a trecerii cumpătate, măsurate
către modelul occidental de cultură și civilizație − a fost
numai reflexul intern al « intereselor de clasă »[115]. Ca și
alte teorii sau idei conservatoare, junimismul n-ar fi − în
cel mai bun caz − decît raționalizarea ideologică a temerii
grupului social al marilor proprietari de pămînt că progre-
sul societății românești îi amenință privilegiile sociale și
politice. În acest raționament, ideea de progres se află în
contradicție cu privilegiul social. Conservatorismul ju-
nimist însă, deși elitist, nu este o teorie care să nege în
vreun fel progresul în sine. Progresul este un fenomen
natural, « fatal ». Oamenii nu pot decît să-l ajute să se des-
fășoare sau să-l orienteze. În opinia junimiștilor, progresul
nu poate fi nici mai rapid, nici mai lent ; el își are propriul
metronom încorporat. Desigur, creșterea naturală a socie-
tății poate fi schilodită, denaturată, îngrădită − așa cum fac
japonezii cu *bonsai*-i lor, reușind ca, prin tăieri și legări
nefirești, arbori respectabili, ca stejarul, să fie aduși la
maturitate la dimensiunile unei plante în ghiveci. Dorința
prea aprinsă de a civiliza, de a transfera bunuri și forme
culturale într-o societate care nu a căpătat ea însăși orga-

---

[115] Ion Bulei − *Conservatori și conservatorism în România*, Editura
Enciclopedică, București, 2000 ; Ion Bulei − *Sistemul politic al Româ-
niei moderne*, Editura Politică, București, 1987 ; Z. Ornea − *Junimea
și junimismul, op. cit.*

nele necesare pentru a le recepta și mînui poate duce la degenerarea acelei societăți, la transformarea ei într-un pitic estropiat. Societatea mînată de conducători prea repede în sus pe costișa povîrnită a modernității va ajunge la linia de sosire gheboșată, chircită și istovită. Or, o societate care a atins linia de sosire a « progresului » într-o stare de nerecunoscut pentru națiunile civilizate nu se poate numi că a progresat.

Proba finală a faptului că junimismul și conservatorismul nu se opun progresului este oferită de datele sociologice. Un calcul mai vechi constata că, la sfîrșitul secolului al XIX-lea, marii boieri au șanse egale de participare la cele două partide active. Privilegiul nu se aglomerează deci în partida « moșierească ». Partidul liberal și cel conservator aveau ca membri urmași de boieri sau foști boieri în proporții egale : 41 %. În ceea ce-i privește pe marii boieri, 7 % dintre liberali și 10 % dintre conservatori proveneau din această clasă [116].

De fapt, distincția liberal-conservator operează între cei care voiau eliminarea în nume a privilegiilor – mulți dintre liberalii care susțin acest lucru și-au creat propriile fiefuri clientelare și politice pe baza pozițiilor pe care le dețineau – și cei care spun pe șleau că privilegiul trebuie păstrat și reglementat pe față. Pentru Titu Maiorescu și prietenii săi, este vorba aici de privilegiul intelectual al celui care a aflat calea dreaptă și moderată a progresului. De aceea junimiștii detestă în primul rînd veleitățile democratice ale colegilor lor intelectuali care se pretindeau « liberali » și care erau, după

---

[116] Andrew C. Janos – « Gentry in the modern world. The Romanian boyars and Hungarian nobles in the rising national state », *op. cit.*

părerea lor, niște demagogi cinici, ce exploatau idei generoase în folosul lor personal.

Simptomatic, cariera de parlamentar a lui Maiorescu se deschide cu o viguroasă șarjă la adresa colegilor săi universitari, membri ai fracțiunii «libere și independente» ieșene, de orientare liberală[117]. Care e nemulțumirea sa de moment? Verbiajul lor politic, amestecînd radicalismul cu cinismul și cu vagi idei de reformă socială fără temelie în realitatea românească. Poziția sa are însă rădăcini mai adînci. Maiorescu respinge din principiu etosul revoluționar și ideea reformării statului român pe temeiurile unei legislații raționale universale, inspirată din contractul social, sau, cel puțin, așa cum erau acestea susținute de (in)amicii săi intelectuali. Motivele sale profunde nu sînt deci sociale, sînt intelectuale și rezultă dintr-o analiză realistă a situației în care se găsea sistemul politic românesc. Maiorescu era profund îngrijorat de instabilitatea cronică a vieții politice românești, pe care el și mulți alții o puneau pe seama încercării pripite de reformă politică și juridică. În acestea el vedea doar dorința intelectualilor liberali de a umfla statul și bugetul. Noi instituții însemnau pentru liberali – în opinia lui Maiorescu – tot atîtea locuri de muncă și sinecuri. În plus, politica devenea un instrument de schimbare de dragul schimbării și un joc sterp de alianțe de moment, fără nici un orizont strategic.

Motivele pentru care Maiorescu are aceste bănuieli sînt legate de evoluția vieții parlamentare și guvernamentale românești de după Unire. Între 1859 și 1871, România a avut

---

[117] Titu Maiorescu – *Discursuri parlamentare cu privire asupra desvoltării politice a României sub domnia lui Carol I*, vol. 1, *op. cit.*, p. 81.

31 de guverne. În medie, cam unul la patru luni și jumătate[118]. Un prim-ministru, Barbu Catargiu, este asasinat în exercițiul funcțiunii, în 1862, iar asasinul nu poate fi prins. Au loc două lovituri de stat (4 mai 1864 și 11 februarie 1866) și o tentativă oarecum carnavalescă, dar simptomatică de revoluție – faimoasa «Republică de la Ploiești», din august 1871, a lui Candiano Popescu. Se văd dese, foarte dese manifestații de stradă și întruniri politice, adesea vizînd să facă presiuni în legătură cu deciziile politice parlamentare. Există o neîncredere generală în noua dinastie de Hohenzollern, neîncredere punctată de certe răbufniri antimonarhice.

Pentru Carol I – așa cum observa un martor ocular (dr Schaefer) –, ziua de naștere a lui I.C. Brătianu era un motiv de eternă iritare. În jurul acestei date, partidul liberal organiza zgomotoase celebrări la care Brătianu era salutat cu epitetul «salvatorul românilor». Curtea domnească de la București era bombardată cu numeroase și deloc subtile petiții ale negustorilor și locuitorilor marilor orașe și luată cu asalt de deputății de comercianți și meseriași cerînd direct – și Carol I ar fi spus «impertinent» – luarea unor decizii politice sau modificarea lor în favoarea liberalilor[119]. Totul se desfășura pe fondul reuniunilor populare, electorale sau nu, care aveau loc pe străzi, în birturi, în grădinile publice, pe Dealul Mitropoliei sau în curtea Senatului, și în care radicalii

---

[118] Apostol Stan – *Grupări și curente politice în România între Unire și Independență (1859-1877)*, Editura Științifică și Enciclopedică, București, 1979 ; *Putere politică și democrație în România : 1859-1918*, Editura Albatros, București, 1995.

[119] Apostol Stan – *Grupări și curente politice în România între Unire și Independență (1859-1877), op. cit.* ; *Putere politică și democrație în România : 1859-1918, op. cit.*

lui Rosetti și I.C. Brătianu « recurgeau la excitarea pasiuni-
lor populare », pentru a nu lăsa nici pe suveran ori pe adver-
sarii lor politici să uite că politica era de-acum o problemă
« democratică », « constituțională » și « populară ».

Liberalismul se transforma – încet, dar sigur – dintr-o pro-
fesiune de credință într-un instrument retoric. Epuizarea
acestui prim avatar al liberalismului în România modernă a
determinat reacția grupurilor intrate în politică în timpul
sau imediat după domnia lui Cuza. Aceste grupuri – Juni-
mea mai ales – puneau în discuție nu refundamentarea Ro-
mâniei moderne, ci a liberalismului și a sistemului politic
modern românesc. Dovada faptului că scopul noilor con-
servatori era « perfecționarea » liberalismului, și nu eliminarea
lui, o putem găsi în declarațiile lui Titu Maiorescu din Par-
lament. Adresîndu-se Camerei, în acel moment dominată
de conservatori, el saluta « această cameră conservatoare,
care, după aprecierea mea, este, în momentul de față, sin-
gurul partid liberal », pentru că, în opinia sa, « ceea ce la noi
este stînga [liberalii radicali – *n. n.*] iese din stat și trebuie
eliminat din stat »[120]. Declarația sa era, poate, ironică și se
folosea de un artificiu stilistic ca să înflorească exercițiul
retoric. Dar exasperarea sa față de excesele și vacuitatea
crescîndă a ideii liberale era reală. Ea este surprinsă cu acui-
tate și umor de un alt junimist, Caragiale. Scriind despre
mediul politic popular din anii 1860, mediu în care își
petrecuse tinerețea ca jurnalist militant, Caragiale nota că
« liberal » a devenit, dintr-un termen plin de farmec, unul

---

[120] Titu Maiorescu – *Discursuri parlamentare cu privire asupra
desvoltării politice a României sub domnia lui Carol I*, vol. 1, *op. cit.*,
p. 81.

de ocară. După părerea lui, adevărații liberali de la 1848, dacă ar fi trăit, ar fi devenit conservatori cu toții [121].

Un motiv al acestei schimbări în calitatea discursului și practicii sociale este și evoluția sensibilității sociale românești. Romantismul eroic al anilor 1840 fusese încet-încet înlocuit de unul mai pedestru, mai pe înțelesul tuturor[122]. Acesta era propagat de noile foiletoane și romane de senzație, care răspîndeau mitul cabalelor universale în viața politică și pe cel al rolului nefast al feluritelor eminențe cenușii în ruinarea națiilor. Liberalii lui Caragiale au dat mesianismul pe senzaționalism, l-au înlocuit pe Michelet cu Ponson du Terrail, volumul *Le Peuple* cu romanele-foileton *Dramele Parisului* și *Rocambole*.[123] Viața politică, cu cît devine mai « populară », cu atît descoperă mai abitir « deliciile » zgomotului și furiei de stradă – acest etern excitant al pasiunilor urbane, cum ar spune istoricii francezi. Întrunirile politice îmbracă straie din ce în ce mai senzoriale, « estetice », scopul lor fiind să ațîțe simțurile și să narcozeze mintea. Iată din nou imaginea anilor 1860 liberali, imortalizată de Caragiale : « Am fost la întrunirele opoziției în Craiova și în Iași, și mărturisesc drept că am ieșit adînc afectat de decadența moravurilor noastre politice.

---

[121] Ion Luca Caragiale – *Opere* (ed. Șerban Cioculescu), vol. 5, Editura Fundațiilor Regale pentru Litere și Artă Regele Carol II, București, 1938, pp. 6-10.

[122] Ștefan Cazimir – *Caragiale față cu kitsch-ul*, Editura Cartea Românească, București, 1988.

[123] Vezi și conceptul de « romantism Biedermeier », considerat o îmblînzire burgheză a pulsiunilor romantic-revoluționare în întreaga Europă, îndeosebi în cea de Est, *in* Virgil Nemoianu – *The Taming of Romanticism : European Literature and the Age of Biedermeier*, Harvard University Press, Cambridge, 1984.

Asta e opoziție ? Astea sînt întruniri de opoziție ? [...] Unde sînt vremurile clasice ale liberalismului român ? Unde e sala Slătineanu ? Sala Bossel ? Circul de la Constantin-Vodă ? S-au dus toate ca niște frumoase legende cari au încîntat de atîtea ori tinerețile mele. În acele întruniri îmi făceam eu, cu un popor întreg, educațiunea națională. Acolo am cules cele mai bune inspirațiuni pentru operele mele patriotice [...] Mi-aduc aminte de bravura, de avîntul impetuos și, mai ales, sintaxa îndrăzneață a neuitaților mei oratori clasici : *Fraților ! Ciocoii domnesc, în adevăr domnesc, dar să vă spun eu, fraților, cum domnesc ! Domnesc prin mișelie, prin infamie, prin crimă, prin reacțiune, lucruri care fac cinste poporului că e contra, care în orice ocazii s-a pronunțat și nu permite, mai ales cînd sîngele acestui popor, vărsat cu cruzime și fără nici o necesitate, cînd țipetele disperate ale femeilor și ale copiilor, fugăriți și torturați de sălbăticia oamenilor odiosului regim, cînd vaietele celor schingiuiți pe stradele Capitalei, cu felinarele stinse, sînt încă vii în mintea tuturor [...] Și la glasul amicilor poporului, poporul, ridicînd reteveiul, simbolul suveranității sale, izbucnea la adresa vampirilor, care-i sugeau sudoarea și sîngele, în imprecațiuni naționale, de se scutura catapeteasma circului.* »[124]

Respingerea acestei sensibilități era, pentru Maiorescu și tovarășii săi, nu doar o chestiune de gust, de retorică sau de sensibilitate. Junimiștii respingeau, în adîncul sufletului, populismul, care, așa cum am văzut deja, era pentru Maiorescu o sursă de instabilitate politică, de demagogie și de schimbare de dragul schimbării, cînd nu era un exercițiu de acțiune politică pentru profit personal direct. Ca să se distingă de această înțelegere a lumii, junimiștii români, ca mulți alți inte-

---

[124] Ion Luca Caragiale – *Opere*, vol. 5, *op. cit.*, p. 84.

lectuali balcanici, s-au identificat cu ideea socială și politică pozitivistă. Un mai vechi articol al lui Traian Stoianovich sugerează că pozitivismul a fost una dintre pietrele de temelie ale gîndirii politice balcanice la sfîrșitul secolului al XIX-lea[125]. La sud de Dunăre, îmbrățișarea pozitivismului a fost reacția naturală a elitelor confruntate cu realitatea că poporul suveran, ce trebuia guvernat, se afla fie pe o cale rătăcită, fie în plin feudalism.

Pozitivismul sud-dunărean se reazemă pe un triplu slogan, spune Stoianovich : « progres – ordine – cultură europeană ». Iar acest slogan este invocat ca garant al prosperității naționale. Teoria conducerii sociale și modalitatea preferată de legitimare este elitismul, produs al îmbrățișării darwinismului social, care subîntinde pozitivismul social. Evoluționismul darwinist adoptat de conservatori înlocuiește teoria populistă liberală, alimentată de naționalismul romantic, care presupunea că tot corpul social este un organism etnic omogen. Această din urmă teorie devenise vrînd-nevrînd caducă, pentru că, odată ajunsă la putere, clasa guvernantă de formație intelectuală occidentală s-a văzut confruntată cu distanța, uneori astronomică, ce o despărțea de lumea rurală, arhaică. Ar fi fost o culme a ipocriziei să proclame mai departe poporul în totalitatea sa ca agent și sursă a puterii politice.

Liberalismul sud-dunărean, deși nu vrea să se întoarcă la monarhia absolută feudală, nu-i acordă nici poporului prea mult credit politic. După părerea lui Stoianovici, liberalii neoconservatori sîrbi sau greci, îmbrățișînd pozitiviști ca Spencer sau John Stuart Mill, « susțineau o Constituție care

---

[125] Traian Stoianovich – « The foundations of Balkan politics », *in The Balkans in transition* (ed. Charles Jelavich și Barbara Jelavich), University of California Press, Berkeley, 1963.

să limiteze puterile prinţului, dar priveau agitaţia liberală pentru o adunare reprezentativă ca un soi de „joc pentru copii" »[126]. Acest comportament se află, conştient sau nu, în perfectă sincronizare cu teoria paternalistă a lui J.S. Mill, care, deşi liberal *bona fide*, este, totuşi, un liberal cu limite, mai ales cînd afirmă că «soarta sărăcimii, în tot ceea ce o priveşte în mod colectiv, trebuie reglementată pentru aceasta, nu de aceasta. Sărăcimea nu trebuie încurajată să gîndească pentru sine sau să-i fie dată propriei ei previziuni şi gîndiri o voce de oarece influenţă în determinarea destinului propriu. Pe de altă parte însă, relaţia dintre bogaţi şi săraci trebuie să fie numai în parte una de supunere ; trebuie să fie una de concordie, atît morală, cît şi emoţională : un tutelaj plin de afecţiune de partea bogaţilor, respect şi reverenţă, de partea săracilor. Bogaţii trebuie să fie *in loco parentis* pentru săraci, îndrumîndu-i ca pe copii »[127].

Nu ne va fi greu să distingem tema ideologică a minoratului civic şi a elitismului nici în intervenţiile retorice ale junimiştilor români de după 1866. Conservatorii români aşază această idee în centrul demersului lor. Iată două exemple. Maiorescu propune, în 1876, în proiectul de lege a instrucţiunii publice pe care îl înaintează Parlamentului în calitate de ministru de resort, ca şcolile comunale, aflate, crede el, în regres faţă de epoca Regulamentului organic, să fie, pentru o mai «matură» administrare, puse sub patronatul unui alegător de la colegiul I (un moşier), care să aibă dreptul de inspecţie şi obligaţia de a aproba bugetul şcolii[128]. P.P. Carp,

---

[126] *Ibid.*, p. 313.
[127] *Ibid.*, pp. 312-313.
[128] Titu Maiorescu – *Discursuri parlamentare cu privire asupra desvoltării politice a României sub domnia lui Carol I*, vol. 1, *op. cit.*, p. 398.

în discursul său din 1881, în care lansează linia « Era Nouă », propune, în același spirit, o nouă lege a cîrciumilor « care apără pe țăran de propriile lui slăbiciuni »[129]. În același discurs, Carp combate ferm principiul suveranității populare ca metodă absolută de guvernare : « Eu admit supunerea la voința poporului, cu rezerva însă ca în orice moment să pot cerceta dacă acea voință nu este rătăcită [...] admit instinctul la o națiune, admit ca ea să simtă un rău, precum fiecare om cînd e bolnav simte ce-l doare, dar nu admit ca bolnavul să zică el : iată doctoria ce trebuie să mi-o dea doctorul [...] Aceia care au primit o cultură mai înaltă, aceia au datoria sacră de a veni, cînd poporul e rătăcit, să-i zică : nu merg după tine, tu ai facultatea de a simți răul, leacul rămîne la mine să-l indic, iar datoria ta este să îl urmezi. »[130]

Sindromul pozitivist-paternalist devine atît de profund în societatea românească, încît îi afectează chiar și pe liberalii consacrați. Deși se bazau încă pe principiul « suveranității populare », în special cînd venea vorba de agitația de stradă viguroasă, antrenînd nu arareori (sau mai ales) lumpenii orașelor, unii liberali manifestau în privat o atitudine de « declasare ascendentă », după expresia lui Ibrăileanu. Surprins în epocă de Alecsandri în faimoasele sale *Chirițe*, acesta este un stil cultural – în opinia lui Ștefan Cazimir –, care urmărește ca scop în viață snobarea vulgului – « setea de distincție ca revers al insignifianței, fuga de mediocritate cu mijloace strîmbe și derizorii, sloganul egalitar ca fațadă și impulsul elitar ca fond »[131].

---

[129] Petru P. Carp – *Discursuri politice*, vol.1, București, 1895, pp. 259-267.

[130] *Ibid.*, pp. 269-272.

[131] Ștefan Cazimir – *Caragiale față cu kitsch-ul, op. cit.*, p. 34.

De pildă, liderul liberal I.C. Brătianu dă uneori la iveală un fond mental neașteptat de primitiv, propice raționalizărilor pozitiviste paternaliste, deși el aplică efectele acestui mod de gîndire – surprinzător sau nu pentru un fost ofițer și om de acțiune – intelectualilor, «dăscălimii» lui Caragiale. Într-o declarație din ianuarie 1869 – amintind parcă de schema tripartitei funcționale a Antichității și a Evului Mediu, care împarte societatea în trei ordine distincte (*oratores, bellatores* și *laboratores*) –, el contestă dreptul profesorimii de a participa la viața politică parlamentară. «Fiindcă, d-lor, un profesor care are adevărata vocațiune, să mă iertați a o spune și să mă ierte chiar acei care sînt în Cameră, nu-și lasă catedra lor să vie să facă altceva ; înțeleg, într-o Constituantă, la împrejurări mari, iar nu în timpurile cele mai ordinare »[132] – declară categoric cel care a fost ales de atîtea ori de colegiile III și IV, în care vota «dăscălimea», și care era glorificat ca un adevărat «nemuritor Gambetta» al Balcanilor.

Condescendența sa față de dăscălime continuă : «Așadar, eu vă rog să nu mai adăogați nimic la lefuri ; din contră, dacă veți voi, la unele cazuri, poate încă să se mai scază, în loc de a se urca. Știți ce se face cu aceasta ? Mulți din d. profesori, care ar avea mai puțină leafă, ar da și lecțiuni particulare ; ar veni, prin urmare, să îndestuleze și o altă trebuință a societății (Aplauze) ; și, prin aceasta, el și-ar dezvolta misiunea lor, căci ar fi atunci ocupați întruna, de dimineața pînă seara, nu numai o oră sau două pe zi. »[133]

Junimiștii înșiși au însă un alt motiv pentru a folosi pozitivismul ca justificare a opțiunilor lor politice : idealul tehno-

---

[132] Ion C. Brătianu – *Acte și cuvîntări*, vol. 1, *op. cit.*, p. 17.
[133] *Ibid.*

cratic, încorporat și el în gîndirea pozitivistă. Prin el, juni-
miștii își creau propriul spațiu de manevră în viața politică,
distanțîndu-se de conservatorii reacționari. Ca intelectuali și
« liberali », junimiștii se vor o forță aparte în societate, una ce
se distinge atît de liberalii demagogi, cît și de conservatorii
arhaici.[134] Ei văd în tehnocrație – adică în ideea unei societăți
conduse de « specialiști » – șansa de a reclama pentru grupul
intelectual dreptul de a fi o « elită conducătoare » în țară.
Aceasta se bazează, în fapt, pe credința că, pînă la urmă, jocul
politic nu este și nici nu trebuie să fie o confruntare viguroasă
între clasele sociale, ci un superior joc de societate pentru cei
care-i știu regulile ascunse. Un nou grup de elită poate inter-
veni în joc oricînd, dacă respectă anumite reguli.

Aici, junimiștii se desprind de ideea liberală generală, care
spune că politica este înfruntarea viguroasă și pe față între
grupuri și indivizi distincți, cu idei, interese și apetențe dife-
rite. În această înfruntare, actorii sociali încearcă să afle, prin
eliminarea celui mai slab, care este adevărul momentului.
Junimiștii cred, folosind o ideologie pozitivistă, că politica
în general și cea românească în special este, de fapt, un joc,
care se poate degrada dacă este lăsat pe mîna intereselor de
grup sau individuale. În loc să vadă în interes un ingredient
esențial al politicii moderne, ei văd în el un simptom de slăbi-
ciune. Politica intereselor devine pentru junimiști, invariabil,
« politicianism ». Astfel, pozitivismul legitimează intelectua-
litatea ca grup cu pretenții unice la conducerea națiunii.
Această idee a supraviețuit tuturor regimurilor politice mo-

---

[134] Ei se aliniază astfel etosului intelectual central-european
descris de Virgil Nemoianu în eseul « Cazule etosului central-euro-
pean » – *in* Virgil Nemoianu – *România și liberalismele ei : atracții și
împotriviri, op. cit.*

derne românești, fiind vînturată, în viața post-1989, la fiece
moment de criză.

Cum se leagă însă concret junimismul și tehnocrația ?
Pentru a răspunde la această întrebare trebuie mai întîi să
adăugăm cîteva trăsături portretului-robot al pozitivismului.
Argumentul tehnocratic este unul dintre cele mai impor-
tante crezuri ale pozitivismlui pentru că, după Comte –
poate cel mai important pozitivist al secolului al XIX-lea –,
toate societățile umane au fost conduse, într-o formă sau
alta, de «intelectuali». Acesta este efectul faptului că fiecare
etapă din istoria omenirii a fost dirijată de un principiu inte-
lectual dat. După Comte, societatea este împinsă înainte de
dezvoltarea capacităților cognitive umane, de evoluția lor
spre o mai completă raționalitate[135]. În consecință, Comte
împarte istoria omenirii în trei etape : epoca mistică, domi-
nată de religii, în care grupul social reprezentativ a fost con-
stituit din preoți ; epoca metafizică, dominată de marile
filosofii speculative și de filosofii secolelor XVII și XVIII ; în
fine, epoca modernă, a științei, aflată în mîna savantului[136].
După cum observăm, motorul social se află ascuns în capaci-
tatea intelectuală astfel încît grupurile sociale ce posedă în
chip privilegiat posibilități sporite de creativitate mentală au
o importanță deosebită, care trebuie recunoscută și cultivată.
Mai mult, în epoca modernă, a raționalității, societatea cere

---

[135] Auguste Comte și Gertrud Lenzer (ed.) – *Auguste Comte and
Positivism : the Essential Writings*, Transaction Publishers, New Bruns-
wick, 1998 ; Auguste Comte și Harriet Martineau (ed.) – *The Posi-
tive Philosophy of Auguste Comte*, Thoemmes, Bristol, 2001.

[136] Auguste Comte și Gertrud Lenzer (ed.) – *Auguste Comte and
Positivism : the Essential Writings, op. cit.* ; Auguste Comte și Harriet
Martineau (ed.) – *The Positive Philosophy of Auguste Comte, op. cit.*

în mod deschis să fie condusă de intelectuali, pentru că, fiind bazată pe rațiune, știința nu mai poate fi ascunsă sub pulpana preoțească sau sub peruca ideologică a demagogilor de tip robespierrian. Elitele sociale se disting acum prin accesul lor la metode și abilități de conducere rațională a lumii. Știința politică însăși devine o știință a administrației publice.

P.P. Carp, în « Era nouă », și Titu Maiorescu, în variate discursuri, subscriu la acest ideal tehnocratic. În opinia lui P.P. Carp, sistemul social modern trebuie să fie « liberal » în sensul că trebuie să fie *deschis talentului*, dar nu neapărat « democratic », adică deschis oricui, fără considerație față de educație și merit[137]. Într-un cuvînt, pentru Carp, democrația se opune meritului. Caius Dobrescu condensa concepția liberală junimistă cu privire la mobilitatea socială : « Democrația liberalismului[138] românesc era deschisă nu tuturor claselor, ci *elitelor tuturor claselor*. »[139]. Mai ales în România, țară în care cei educați cu adevărat erau mai puțini decît posturile de ocupat, regimul democratic, chiar limitat, al votului cenzitar, permitea intrarea în arena puterii a tot felul de nechemați, agățați de poalele demagogilor și patronilor politici. Cînd porțile democrației s-au deschis, fie și parțial, « rezultatele la cari s-au ajuns nu sînt rezultate ale muncii generale a societății noastre, ci numai rezultatul succesului a cîtorva oameni », care, odată ce au apucat pîrghiile puterii, au instaurat nu domnia unei « „democrații a muncii" ci o „democrație bugetară" »[140]. Ei i-au împins în sus pe clienții și pe

---

[137] Petru P. Carp – *Discursuri politice*, vol. 1, *op. cit.*, pp. 259-267.
[138] Dobrescu se referă la liberalism ca o concepție ideologică ce transcende partidele și include atît conservatorii cît și liberalii politici.
[139] Caius Dobrescu – *Inamicul impersonal*, *op. cit.*, p. 205.
[140] Petru P. Carp – *Discursuri politice*, vol. 1, *op. cit.*, pp. 259-267.

favoriții lor, umflînd birocrația de stat și aparatul politic. O asemenea societate este condamnată la ineficiență și corupție, prin parazitismul clasei dominante și prin proasta administrare a afacerilor publice, deturnate în folosul celor personale.

De aici, Carp ajunge la concluzia că meritul și selecția socială pe baza calificării intelectuale sînt, într-un fel, opuse democrației clasice liberale. Dacă dorim conducere bună – păreau să spună junimiștii –, aceasta trebuie să fie deasupra intereselor de grup și înrădăcinată în comunitatea culturală și ideatică a elitelor. Desigur, ca imagine pură a elitei intelectuale, junimiștii se vedeau în fruntea șirului de candidați intelectuali la conducere. Din acest motiv, după Carp, lupta politică trebuie să devină o acțiune coordonată de dirijare a administrației și de recrutare pe bază de competență a funcționarilor statului. Carp o spune pe șleau : pentru controlul societății, este nevoie de competență administrativă, în fața căreia stînga și dreapta, liberalii și conservatorii trebuie să devină două noțiuni lipsite de sens. În mare, putem spune că întregul program «Era Nouă», propus de Carp, este unul pozitivist. Elitism prin merit și educație, reformare prin știință și raționalizarea relațiilor dintre oameni, paternalism, progres și ordine – toate temele pozitivismului social sînt astfel strînse în el[141].

La rîndul său, Maiorescu concepe «politicul» ca pe o culegere de reguli ordonatoare ale comportamentului public. Politica, spune el, nu este pentru «amatori» : este o acțiune specializată, de alegere, în cunoștință de cauză, a priorităților, o acțiune de calcul rațional, în slujba ușurării evoluției proceselor obiective – în cazul societății umane, progresul.

---

[141] *Ibid.*

Iată demonstrația sa completă, în discursul său despre nece-
sitatea instaurării monarhiei în România : « Căci, în enorma
complexitate a problemelor politice, la or ce chestiune mai
însemnată sînt felurite principii de joc, care nu se pot împă-
ca toate deodată ; și aici se impune omului de stat datoria nu
de a face paradă cu multiplicitatea principiilor, ci de a stabili
hierarchia lor după împrejurările de fapt, de a-și da samă
care este ideea dominantă, căreia celelalte trebuie să i se sub-
ordoneze fără hezitare. Și ideea dominantă întru conducerea
statului român spre îndeplinirea marei sale misiuni în Orient,
este înrădăcinarea simțămîntului dinastic în toate păturile
poporului. »[142] Raționalism (alegerea soluției), progres (misiu-
nea în Orient), elitism (înrădăcinarea simțămîntului dinastic) –
iată din nou toate elementele componente ale pozitivismu-
lui politic.

Liberalismul conservator al junimismului are meritul de a
pune multe puncte pe i. El atacă în primul rînd demagogia
și pune accentul pe meritul personal și pe efortul individual
(desigur, la nivelul elitelor). Cu toate acestea, se sprijină pe
o variantă de liberalism care pune în centru raționalitatea
actului social și evoluționismul mecanic, idei care implică
elitismul tehnocratic și consacră rolul intelectualilor ca prin-
cipali agenți ai schimbării și guvernării sociale în România.
Această schemă de gîndire delegitimează ideea de politică în
chip de confruntare serioasă între grupuri bine definite,
social și ideologic, și aduce la Dunărea de Jos ideea politicii
ca joc și ca artă a elitelor. Ea consacră în cultura română
mentalitatea « catară », cum o numește Caius Dobrescu[143], și

---

[142] Titu Maiorescu – *Discursuri parlamentare cu privire asupra desvoltării
politice a României sub domnia lui Carol I*, vol. 1, *op. cit.*, pp. 52-53.
[143] Caius Dobrescu – *Inamicul impersonal, op. cit.*

anume aceea că intelectualii, ca și liderii («perfecții») sectei bogomil-gnostice din sudul Franței din secolul al XIII-lea, odată inițiați în marele secret al existenței prin iluminare (în cazul de față, prin expunerea la valorile marii culturi europene), sînt iertați de orice păcate ar face pe această lume.[144]

Din păcate, această concepție a avut, pe termen lung, efecte devastatoare. În primul rînd, înainte de cel de-al doilea război mondial, «catarismul» a delegitimat ideea de partizanat și interacțiune politică bazată pe interese de grup și de clasă. El a alimentat direct totalitarismele secolului XX, îndeosebi pe cele de natură fascistă, care au utilizat din plin criticile aduse de junimiști democrației, dar nu pentru a o corecta pe aceasta, ci pentru a o înlocui cu diverse idei și formule statale corporatiste, în care elitele erau contopite într-o castă. Un rol a jucat aici și Eminescu, care, ca junimist, dar și ca romantic întîrziat, a amestecat critica statului modern cu ideea eroului civilizator și a statului organic, fondat pe caste.

Mai tîrziu, generația ortodoxistă, preluînd ștafeta de la Eminescu, și-a luat adio de la modernitate și a pus temeliile utopiilor naționaliste. În sfîrșit, aceeași idee va duce, dar indirect, la legitimarea grupurilor de prestigiu intelectuale ca singurele contracandidate la conducerea națiunii în perioada comunistă și postcomunistă. Vom vedea mai departe modul concret în care junimismul și liberalismul său pozitivist contribuie la ideea grupurilor de prestigiu.

---

[144] Desigur, ideea nu este că păcatul trebuie comis, ci că actele iluminaților sînt oricînd pardonabile.

Intelectualii ca leac pentru boala « formelor fără fond »

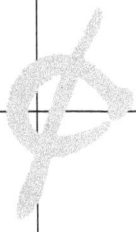

merită să analizăm mai atent modul în care junimismul a contribuit la răspîndirea « misticii intelectuale » în cultura română. Căci junimismul a fost acela care a propus elitismul intelectual ca soluție pentru criza « formelor fără fond », revelată prin critica adusă de conservatorii români de la sfîrșitul secolului al XIX-lea liberalilor-pașoptiști care se reclamau de la tradiția anului 1848.

Atacul antipașoptist poate fi sintetizat în următoarea acuzație : « liberalii » au încercat să facă dintr-o pipernicită plantă crescută în sălbăticie (națiunea română) o rodie minunată, « patriotică », « democratică » prin răsădirea ei grăbită într-un sol « occidental ». Cauza eșecului a fost folosirea unui pămînt de flori greșit. Solul occidental favorizează, în cazul acestei specii, *Democratia danubica*, doar unele părți ale plantei, care cresc pe seama altora. Florile (statul și clasa politică) cresc mai mari decît le permit rădăcinile aducătoare de apă și substanțele nutritive (țărănimea) și acoperă frunzele care trebuie să le furnizeze energia (intelectualii de merit și comercianții), lipsindu-le de soare.

Pe ce se sprijineau conservatorii junimiști atunci cînd criticau această îndrăzneață aventură de « inginerie genetică » ? Maiorescu − studentul de la Berlin și doctorandul de la Gissen −, întemeindu-se pe școala istorică a dreptului și pe tradiția istoristă germană, propunea ideea « formelor fără fond ».

Prin aceasta, el se opunea ideii că forme de civilizație occidentale pot fi adoptate automat de un fond istoric ce le era cultural străin. Ce semnificație avea însă această poziție? Cum trebuie să o înțelegem? Pentru unii, chiar apropiați de Maiorescu, cum ar fi Eminescu, teoria ducea ineluctabil la concluzia că nu avem nevoie de democrație și de Occident. Lumea românească este chiar coruptă de aceste ingrediente străine. Generațiile următoare, ortodoxiste și fasciste, au dus această idee la paroxism, vorbind despre nevoia de a refonda statul român pe un model corporatist, mistico-religios, care avea să crească armonios din rădăcinile românismului.[145]

Maiorescu, pus în fața dilemei «formelor fără fond», adoptă o poziție moderată, care prevede păstrarea proiectului de modernizare, dar cu schimbarea actorilor. Vizează, așa cum am văzut, un «liberalism tehnocratic» bazat pe intelectuali, îndeosebi pe cei care se susțin din alte resurse decît pregătirea lor intelectuală. «Tehnocrații» sînt clasa socială favorizată, pe care, în acord cu idelurile pozitivismului, Maiorescu ar dori s-o vadă la putere, cel puțin în etapa de tranziție.

Acești intelectuali sînt însă împărțiți în variate categorii, fiind unii mai mult, alții mai puțin îndreptățiți la funcțiile de putere. Paradoxal, cel mai puțin îndreptățiți sînt, după Maiorescu, juriștii. Ceea ce ne va duce într-un punct mort, pentru

---

[145] C. Rădulescu-Motru a jucat un rol crucial în procesul de respingere a occidentalismului și liberalismului în numele «românismului». Pentru textele primare, vezi C. Rădulescu-Motru – *Cultura română și politicianismul*, Scrisul Românesc, Craiova, 1995; *Etnicul românesc : comunitate de origine, limbă și destin*, Editura Albatros, București, 1996; *Românismul : catehismul unei noi spiritualități. Ideea românească*, Editura Științifică, București, 1992. Pentru o discuție critică, vezi Cristian Preda – *Occidentul nostru, op. cit.*

că Maiorescu însuși este un intelectual calificat să predea dreptul. Voia oare să se sinucidă politic propunînd această taxonomie? Nicidecum. Încerca doar, fără succes, să sară peste propria-i umbră. Ne lasă, de altfel, să înțelegem din subtext că numai intelectualii care gîndesc ca el au dreptul să participe la putere. O poziție extrem de partizană, care ne indică una dintre principalele limitări ale junimismului și care își trimite, prin timp, consecințele pînă astăzi.

Ideea centrală a criticii lui Maiorescu, aceea a «formelor fără fond», este prezentă în eseul «În contra direcției de azi în cultura română», publicat în 1868: «Cufundată pînă la începutul secolului XIX în barbaria orientală, societatea română, pe la 1820, începu a se trezi din letargie, apucată de abia atunci de mișcarea contagioasă prin care ideile Revoluțiunii franceze au străbătut pînă la extremitățile geografice ale Europei. Atrasă de lumină, junimea noastră întreprinse acea emigrare extraordinară spre fîntînele științei din Franța și Germania, care pînă astăzi a mers tot crescînd și care a dat, mai ales României libere, o parte din lustrul societăților străine. Din nenorocire, numai lustrul dinafară! Căci nepregătiți precum erau [...] ei se pătrunseră numai de efecte, dar nu pătrunseră pînă la cause [...] nu întrevăzură fundamentele istorice mai adînci, care au produs cu necesitate acele forme [...] Și astfel, mărginiți într-o superficialitate fatală [...] tinerii români se întorceau și se întorc în patria lor cu hotărîrea de a imita și a reproduce aparențele apusene [...].»[146]

Trebuie să spunem că Maiorescu nu a fost singurul care și-a dat seama de acest fapt. Surprinzător sau nu, pașoptiștii înșiși

[146] Titu Maiorescu – *Critice* (ed. D. Filimon Stoicescu), vol. 2, Editura pentru Literatură, București, 1967, p. 147.

sesizează acest fenomen. Este și cazul lui I.C. Brătianu :
« Cînd, dar, românii ieșiră din letargia ce-i nimicea ca națiune mai bine de un secol și căutară să-și însușească civilizarea Europei Occidentale, ca printr-însa să se dezvolte și să se întărească, ei se găsiră mai departe deprinși în facultatea de a imita formele decît orice altă aplecare ; de aci provine răul că, mai în toate inovările ce adoptăm de la societățile civilizate, ne aplicăm mai mult a le înhăța în formele lor, decît a pătrunde spiritul lor. »[147] Adversarul conservatorilor, « roșul căuzaș » care agita spiritele Bucureștilor, spre disperarea lui Barbu Catargiu și a lui Muhlis Pașa (beizadea Grigore), se dovedește a fi, încă din primul an al domniei lui Cuza, un junimist *avant la lettre*. El se mulțumește însă să constate faptul ; Maiorescu și colegii săi vor încerca să facă unele lucruri pentru a schimba această situație.

Premisa teoretică de la care pornește Maiorescu în discuția despre forme și fond este deosebirea dintre cultură și civilizație, pe care le discută în spiritul filosofiei culturii germane[148]. În timp ce cultura este un dat interior, o formă individuală și neschimbătoare, specifică fiecărui popor, avînd în centru tradiția, acumulată și sedimentată într-un timp foarte îndelungat, civilizația este un agregat de instituții și forme culturale exterioare. Cultura este ideatică, iar civilizația, materială. Prima este stabilă, cea de pe urmă, în anumite dimensiuni, schimbătoare. Mai important însă, pentru discuția de față și pentru Maiorescu, cultura spirituală este fondul, iar civilizația, forma.

Odată așezate lucrurile la locul lor, trebuie să constatăm că relațiile pe care Maiorescu le stabilește între cele două com-

---

[147] Ion C. Brătianu – *Acte și cuvîntări, op. cit.*, p. 451.
[148] Z. Ornea – *Junimea și junimismul, op. cit.*

partimente nu sînt nici dogmatice, nici reduse la opoziția mecanică dintre elementul material și cel spiritual al vieții omenești. În plus, atitudinea sa față de ordinea în care cele două trebuie abordate nu este nici ea inflexibilă.

Cum spuneam, ca « progresist », Maiorescu nu se opune în mod absolut importului formelor de civilizație străine. El recunoaște că procesul de iradiere culturală în societatea modernă este imposibil de oprit, ba chiar necesar : « Îndată ce în apropierea unui popor se află o cultură mai înaltă, ea înrîurește cu necesitate asupra lui. »[149]

Acest proces se desfășoară în virtutea unui principiu : universalitatea culturii. Cultura unei nații nu poate rămîne în cercul mărginit al intereselor individuale. Misiunea ei este aceea de a formula idei pentru omenirea întreagă. Astfel, « a se uni în principiile de cultură este soarta *neapărată* a fiecărui popor european »[150]. Avem aici un principiu opus celui romantic. Cultura nu tinde către diversificare și individualizare națională, ci este într-o căutare continuă de forme de expresie și teme cît mai universale. Progresul fiecărui popor este un proces de întîlnire cu alte popoare « la mijlocul drumului » ce duce către idealul cultural universal.

Este însă necesar să te descoperi pe tine însuți înainte de a aspira la participarea la civilizația universală. Ceea ce nu înseamnă izolare și naționalism, ci tocmai contrariul lor. Înțelegem de aici că nu Maiorescu este vinovat de transformarea teoriei « formelor fără fond » într-un inamic al democrației de tip occidental și al modernității europene, așa cum ajunsese să fie ea considerată în prima jumătate a secolului XX. Cei vinovați de acest păcat sînt unii din discipolii lui Maio-

---

[149] Titu Maiorescu − *Critice*, vol. 1, *op. cit.*, p. 211.
[150] *Ibid.*

rescu, printre care se numără și Eminescu, care amestecă critica maestrului cu ideea romantică a națiunii văzută ca o ființă mai mare decît suma părților ei[151]. Ideea e preluată tot din cultura germană, dar ei o altoiesc în principate pe sensibilitatea romantică deja cultivată de pașoptiști.

Cum rezolvă însă Maiorescu paradoxul după care, pentru a se moderniza în sens occidental, o națiune trebuie mai întîi să se găsească pe sine ? Ce trebuie să facă o națiune pînă se regăsește ? Trebuie să adaste într-o stare vegetativă, de meditație budistă ? Nu, trebuie să se pregătească intelectual și psihocultural, adoptînd *simultan* formele de civilizație străine. Țărilor care au intrat tîrziu în viața modernă europeană, Maiorescu le recunoaște handicapul : « Timpul dezvoltării ne este luat, și tema cea mare este de a-l înlocui prin îndoită energie. »[152]

În dezvoltarea cutumelor interne simultan cu adoptarea instituțiilor culturale străine, accentul trebuie pus pe educația claselor superioare : « Pentru aceasta se cere mai întîi o cultură solidă a claselor de sus, de unde pornește mișcarea intelectuală [...] nu ne rămîne altă alternativă pentru existența noastră națională, decît de a cere de la clasele noastre culte atîta conștiință cîtă trebuie să o aibă, și atîta știință, cîtă o poate avea. »[153]

Cum educația fără instituții este imposibilă, Maiorescu acceptă ideea adoptării formelor de civilizație destul de devreme în acest proces. Ele trebuie însă controlate și folosite pentru *educarea*, nu *în folosul* poporului. Formele de civilizație

---

[151] Dumitru Murărașu – *Naționalismul lui Eminescu*, Editura Atos, București, 1999.
[152] Titu Maiorescu – *Critice*, vol. 1, *op. cit.*, p. 212.
[153] *Ibid.*

externă trebuie să fie folosite ca « material didactic », dacă se poate spune așa. Constituția liberală de la 1866 dădea naștere unui corp politic și unei clase de birocrați « inocenți » cultural, după părerea lui Maiorescu. Democrația română, « bugetară » — este expresia folosită de Carp —, trebuia păstrată și folosită cu « justețe », nota Maiorescu în *Însemnările...* sale : « De altminteri, trebuie să concepi Constituția și ca o școală de exercițiu pentru popor. Întrebare : Este ea acum nepotrivită și rea pentru noi ? Răspuns : Da. Dar întrebare : Dar, cu toate acestea, silește ea, cu timpul, poporul să reflecteze asupra lui însuși, deoarece, încolo gîndește așa de puțin și îngăduie ea apoi, mai mult decît altă Constituție, poporului devenit mai matur să se înalțe prin propriile sale puteri ? — Eu cred că tot da, și, întru atîta e bună. »[154]

Educația trebuie să fie completă, nu poate fi numai politică sau intelectuală. Aici, sugerează Maiorescu, trebuie să lărgim înțelesul termenului de « fond », identificîndu-l cu deprinderile culturale ori cu nivelul de educație și cunoștințe[155]. Pe de altă parte însă, fondul este văzut de Maiorescu și ca o clasă dată, ca un grup social care sprijină mai mult decît altele procesul de modernizare socială. Maiorescu, într-unul din discursurile sale parlamentare, descrie în detaliu relația dintre fondul social și forțele sociale. Handicapul societății românești modernizate, spune el, constă în aceea că noi n-am

---

[154] Titu Maiorescu – *Însemnări zilnice*, vol. 1, Socec & Co., București, 1936-1943, p. 132.

[155] Z. Ornea oferă un set lărgit de conținuturi pentru fond : « cultura sufletească, straturile profunde ale psihologiei unui popor, trăsăturile sale caracteristice ancestrale, moravurile și caracteriologia configurate lent în secole și milenii ale evoluției ». Vezi Z. Ornea – *Junimea și junimismul, op. cit.*, p. 196.

avut o clasă de mijloc (*tiers état*), care să fundamenteze social constituționalismul : « La noi însă, d-lor, s-au copiat, s-au introdus reforme constituționale în viața publică [...] fără să se dea bine seama, dacă la noi există un adevărat *tiers état*, care să simtă necesitatea unei asemenea reforme [...] Dacă sînt unele lucruri în reformele acestor state care s-ar putea aplica și la noi, nu e mai puțin adevărat că nouă ne lipsește în număr suficient, ba în parte ne lipsește încă de tot acea clasă a comercianților avuți și luminați, a industriașilor independenți, a fabricanților celor mari, a căror preponderență să fie simțită în societate și a căror avere, prudent agonisită, să fie o garanție a stabilității neapărat trebuincioase unui stat. » [156]

În esență, dacă nu avem un fond, este pentru că nu avem o burghezie. Maiorescu nu este însă un marxist. Dacă, în opinia lui, România nu a respectat rețeta occidentală a modernizării − evoluție socială și *apoi* revoluție politică −, statul constituțional și democrația nu trebuie neapărat să se împiedice de absența stării a treia, care în Occident susține democrația. Ele pot exista în condițiile în care există un grup socialmente independent și cu idei potrivite pentru noua stare de lucruri. Sursele de independență pot varia și nu trebuie să fie neapărat economice : « Acest *tiers état* [se poate distinge] prin *cultură*, prin *știință*, dar mai ales ca rezultat al acestora prin avuția lor [...]. Alăturea cu mulțimea de mai nainte și cu aristocrația de naștere [există] acea clasă influentă a burghezimii, oare-cum o aristocrație a talentului, a muncei oneste și a averii. » [157] Remarcăm în acest fragment ideea darwinismului social pozitivist, subliniat de enunțul despre avere

---

[156] Titu Maiorescu − *Discursuri parlamentare cu privire asupra desvoltării politice a României sub domnia lui Carol I*, vol. 1, *op. cit.*, p. 414.
[157] *Ibid.*, pp. 414-415.

ca rezultat al științei și al culturii. Alături de ea este însă prezentă ideea normativă a unei societăți constituționale (moderne), construită pe criteriile meritului, care, deși într-o relație indirectă cu pozitivismul, întărește această ideologie. România poate exista deci ca stat modern și în absența clasei burgheze atîta timp cît ea dispune de o clasă intelectuală potrivită pentru procesul reformator. Calificativul «potrivită» este absolut necesar pentru că – vom vedea – deși Maiorescu susține ideea democratizării și modernizării cu ajutorul intelectualilor, nu toți intelectualii sînt egali și nu toți intelectualii trebuie să trăiască de pe urma calificării lor educaționale.

Cum stau lucrurile, de pildă, în administrația locală ? Aici, rolul de frunte trebuie preluat de moșieri, care, deși educați și, în esență, membri ai intelectualității, nu trăiesc de pe urma studiilor lor, ci de pe urma pămîntului pe care îl dețin. În acest context, Maiorescu susține o idee tipic liberală, clasică pentru lumea britanică, și anume aceea că în provincii și în orașe puterea politică centrală trebuie echilibrată de o altă putere, aceea a autoguvernării locale, care se reazemă pe notabilii locali (proprietari de pămînt). Acesta ar fi un leac și pentru sistemul clientelar românesc, prin care primarii și consilierii locali, cu toate că erau aleși cu numele, erau numiți de la centru. Despre reforma administrației locale, Maiorescu spunea : « Comuna [...] este [...] o ființă atît de slabă încît cel dintîi subprefect [...] neonest să fie în stare să strice tot eșafodajul dumneavoastră pe care vreți să o întemeiați, [...] să faceți democrație și self-government [...] Cu aceasta d-voastră nu faceți decît să afirmați însăși incapacitatea mulțimii la noi pentru ideile democratice [...] De aici ar urma însă condamnarea la moarte a comunei [...] eu nu cred aceasta în mod absolut ; pot încă spera că sînt în țara noastră elemente ce au independența trebuitoare alegătorului [...] proprietarii cei mari [...] ei vor ști să rezolve mai bine problema comunei, pe care mulțimea nu a rezolvat-o.»[158] Acesta este, pe de o parte, un sistem antidemocratic, în sensul paternalismului pozitivist, dar liberal, pe de alta, în sensul liberalismului politic clasic. Maiorescu mai distinge, la nivel central, între intelectualitatea dependentă de stat și cea independentă, prin avere și prestigiu. El face aici o analiză destul de subtilă, arătînd că modernizarea a produs o clasă de intelectuali aserviți statului și bugetului său, o clasă care are tendința de a-și extinde tentaculele din ce în ce mai mult și de a sufoca instituțiile cu rețele clientelare și monopoluri intelectuale.

În discursul pentru susținerea legii instrucțiunii publice propusă de el ca ministru al Cultelor, în ședințele Camerei din 21 și 22 ianuarie 1876, mentorul Junimii arăta : «Sub Regulamentul Organic era, cum știți, clasa privilegiată a boerilor și clasa țăranilor. Aceasta din urmă plătea impozit statului pe cît cea dintîi era scutită de această plată ; eacă primul semn al privilegiațiunii boierilor vechi în statul nostru.»[159] Această privilegiere, nesuferită erei moderne a relațiilor raționale dintre oameni – caracterizate prin uniformitate, egalitate chiar –, a determinat o reacție firească de nemulțumire în rîndul populației Țărilor Române, care cerea o schimbare socială.

Dar această schimbare nu putea să se producă spontan. Ea nu a putut apărea pînă cînd n-au existat niște agenți conștienți de nevoia schimbării și capabili s-o ducă la bun sfîrșit. Aceștia au fost grupul de tineri – pașoptiștii – trimiși la studii în străinătate. După 1830, purtați de «suflarea întreagă a timpului [...] au adus și la noi – îndată ce au fost puși în contact cu ideile civilizațiunii apusene – schimbarea statului vechi».[160]

---

[158] *Ibid.*, p. 226.
[159] *Ibid.*, p. 413.
[160] *Ibid.*

Noua generație a schimbat instituțiile de stat printr-o ope-ră radicală de re-legiferare, făcută de-a valma, în opinia lui Ma-iorescu, cu ajutorul unei adevărate «fabrici de legi». Aceasta « a făcut a se schimba toți terminii obișnuiți din legile noastre, a făcut ca nimic din acest nomol de legi să nu mai fie înțeles de poporul nostru »[161]. Termenii cei noi « „portărei, somațiu-ni, institutrice, inspectori, prefecți, preceptori și sub-precep-tori" [...] au adus această societate în această stare, încît a fost silită să se adreseze pentru toate trebuințele la noi, cei cu cul-tură franceză, ca să le explicăm ce înseamnă notarul, testa-mentul olograf și mistic, cum să-și facă un act sinalagmatic [...] așa încît s-a întîmplat ca noi, această clasă care facem legile, să fim răspunzători în toată puterea cuvîntului și moralicește și în fapt de toată viața românului de azi »[162].

Acest fenomen a dus, printre altele, la transferul averilor în mîna avocaților, care au putut manevra în voie în hățișul de legi, creat tot de ei : « La noi a scăzut averea boierilor și a crescut averea cui ? Averea țăranului ? Aceea a dascălului ? Aceea a comerciantului ? Nu ; clasa cea mai favorizată a aces-tei stări de lucruri a fost „clasa avocaților". »[163]

Dar – spune mai departe Maiorescu – nu aspectul mate-rial al problemei i-a asigurat noii clase puterea reală. În opi-nia sa, forța acestui grup vine din faptul că învățămîntul umanist a devenit tipul de învățămînt preferat în sistemul educațional românesc. El era susținut de noua clasă politică pentru a-și educa odraslele și întreține clienții. Dovada erau bugetele generoase acordate învățămîntului superior de drept

---

161 *Ibid.*, p. 434.
162 *Ibid.*, p. 435.
163 *Ibid.*, p. 433.

și liceelor cu pregătire clasică, votate de parlamentari. Astfel – crede Maiorescu – clasa avocaților s-a transformat într-o *castă*. Ea a închis poporul într-o ladă întunecată, « de unde nu i-a lăsat decît o îngustă fereastră spre luminare », cea a învăță-mîntului umanist controlat de ea. Clasa politică a devenit o exploatare a țăranului sub forma culturei[164]. Privilegierea în-vățămîntului superior prin finanțarea a numeroase catedre de drept, create special pentru politicienii în retragere, prin bugete proporțional mult mai mari decît cele alocate în-vățămîntului primar, a dat la iveală « o clasă încurajată în-tărindu-și tot mereu mijloacele de cultură și de putere și lăsînd clasele de jos în ignoranță și mizerie. Am scăpat de pri-vilegiul boierilor vechi, dar tindem spre crearea acelei clase periculoase de oameni, care, deși ieșiți înșiși din clasa popo-rului, devin exploatatorii de ruinare ai aceluiași popor »[165].

În întreaga dezvoltare a acestui raționament Maiorescu atacă un fenomen real : birocratizarea și dependența politi-cienilor față de stat. Parlamentarii și alegătorii-cenzitari deo-potrivă, prin pregătirea lor umanistă, nu puteau avea alte ocupații decît cele « parazitar-legale ». Este însă paradoxal faptul că el pune acest fenomen pe seama « oamenilor noi », a « ariviștilor », a celor ce proveneau din clasele de jos, cînd el însuși era un membru al acestei clase. Paradoxul nu a fost niciodată rezolvat satisfăcător de Maiorescu. Cum se face că el și colegii săi au reușit să găsească limanul ideii drepte despre mersul înainte al societății românești ? Deși nu avem un răspuns explicit, subînțelegem faptul că « reușita » se da-torează adoptării ideilor celor juste, a pozitivismului elitar.

---

[164] *Ibid.*, p. 436.
[165] *Ibid.*, p. 354.

Ceea ce ne spune pînă la urmă că junimismul a introdus în cultura noastră politică ideea că schimbarea socială trebuie încredințată unui grup intelectual dat, în virtutea unor idei pe care numai acesta le posedă.

Am spus deja că această idee a avut consecințe nefaste pe termen lung. Ea explică, în fond, simpatia pe care autorul H.-R. Patapievici, ce se prezintă pe sine ca «liberal», o manifesta la un moment dat pentru ideea revolută a votului cenzitar, cheia de boltă a liberalismului conservator junimist. Produs al elitismului de castă, al grupurilor de prestigiu și al ideii «salvării prin cultură»[166], H.-R. Patapieivici crede că lumea românească este nu numai sociologic, dar și esențial împărțită în grupuri fundamental diferite : « boborul » și intelectualitatea urbană.

Scriind în contextul primilor ani de după revoluția anticomunistă, care au fost marcați de conflictul acut mase-elite intelectuale (definit ca atare de intelectualii din opoziția de centru-dreapta), și de cvasimonopolul electoral al partidului socialist-etatist condus de Ion Iliescu, H.-R. Patapievici încearcă să justifice dreptatea istorică a celor aflați atunci în minoritate politică, făcînd apel la judecăți istorice în care nu faptul că partida sa se afla în minoritate conta, ci acela că majoritatea era afectată de o cronică incapacitate mentală, socială și politică de a conduce România.[167]

De aceea, el crede că masa românească a fost pe drept exclusă de la drepturile politice aproape o jumătate de secol (1866-1920). Dovada ? După introducerea votului universal, democrația românească a dat faliment sub presiunea

---

[166] Caius Dobrescu – *Inamicul impersonal, op. cit.*

[167] Vezi articolul « Anatomia unei catastrofe » , în H.-R. Patapievici – *Politice, op. cit.*

autoritarismului și a legionarismului, consecințe ale faptului că românul de rînd era incapabil de autonomie și discernămînt politic. Dominat de un mental colectiv arhaic, mitologizant și inclinat către personificarea procesului politic, acesta a acceptat voluntar regimurile autoritare ale secolului XX[168]. De aici au izvorît voluntarismul și violența autoritarismului fascist și comunist.

Prin urmare, masa trebuie cenzurată politic în viitor pentru a nu mai face astfel de greșeli – greșeli precum aceea de a fi votat de mai multe ori pentru un partid succesor al regimului comunist. De cine ar trebui să fie această masă cenzurată? De «pătura extrem de subțire de oameni stimabili, români deopotrivă, dar prin miracol avînd alt cod genetic, alte instincte [...] »[169]. Acești români sînt – ca să folosim metafora prețioasă inventată de H.-R. Patapievici – « creatorii bibliotecii », cu alte cuvinte, intelectualii.

---

[168] *Ibid.*, p. 87.
[169] *Ibid.*, pp. 68-69.

Constantin Dobrogeanu-Gherea : socialist, conservator, contemporan

onstantin Dobrogeanu-Gherea este unul dintre cei mai subtili teoreticieni sociali care au scris despre societatea românească și modernizarea ei. Opera sa este din nou citită[170]. Deși era un marxist militant, uneori inflexibil ideologic, Gherea nu a fost cu totul dogmatic. A avut șansa de a trăi într-o epocă în care marxismul era o ideologie vie, încă necanonizată de vreun partid aflat la putere, și de a fi ideologul unei grupări politice acționînd într-un stat democratic și mic. Așa stînd lucrurile, Gherea nu s-a sfiit să îmbogățească socialismul european cu cîteva idei neașteptate, unele de proveniență « conservatoare ».

Vom vedea aici cum Gherea altoiește idei nu tocmai socialiste pe un schelet de gîndire marxist. În substanță, voi încerca să demonstrez că Gherea folosește idei ale junimiștilor. El preia teoria formelor fără fond, modificînd într-un mod cu totul « eretic » schema determinării marxiste. Este posibil, spune Gherea, ca în țările subdezvoltate formele (în jargon marxist, « suprastructura ») să o ia înaintea fondului (« baza ») și să-l afecteze pe acesta fundamental. Gherea deviază astfel simțitor de la modelul marxist tradițional, în care numai schimbări, mai ales de natură economică, în « bază » pot duce la modificări culturale și politice în « suprastructură ».

---

[170] Cristian Preda – *Staulul și sirena*, Editura Nemira, București, 2001.

Un alt aspect asupra căruia voi stărui în cele ce urmează
este modul în care Gherea vede rolul intelectualilor în mo-
dernizarea românească și în structurarea clasei politice. Pre-
luînd o altă idee junimistă, aceea a statului « politicianist » ca
scop și mijloc al modernizării, Gherea reinterpretează în mod
creativ discuția despre rolul « burgheziei » în tranziția către
modernitate, arătînd că burghezia locală trebuie înțeleasă nu
ca un grup economic, ci ca unul definit de capacități și abi-
lități culturale și, prin refracție, politice. El deschide astfel o
foarte interesantă discuție despre cine și în folosul cui reali-
zează modernizarea, în România în particular și în țările
subdezvoltate în general. Această combinație neortodoxă de
idei conservatoare și marxiste, de « esențe » tari și foarte deo-
sebite creează un cocteil foarte interesant. Analiza sociolo-
gică a socialistului român este foarte modernă, după cum
observa unul dintre redescoperitorii săi americani, Daniel
Chirot, branșînd gîndirea locală la marile teme marxiste ale
secolului XX[171].

Demne de remarcat sînt, de asemenea, suplețea și con-
crețea cu care Gherea altoiește ideile junimiste pe o tulpi-
nă marxistă. Recunoașterea faptului că Gherea îmbrățișează
junimismul și reîncorporarea acestor idei în instrumentarul
intelectual românesc contemporan ar putea duce la o intere-
santă repolenizare a gîndirii social-politice românești, care,
de o vreme încoace, nu ia marxismul în serios. În plus, com-
binînd idei și teme de meditație marxiste cu ideile junimismu-
lui, Gherea și cei care îi dau atenția cuvenită pot contribui
la discuția actuală despre globalizare dintr-o poziție de egali.
Căci problema României, pînă la urmă, nu este una locală,

---

[171] Daniel Chirot – « A Romanian prelude to contemporary de-
bates about development », *Review*, 2, nr. 1, 1978.

ci este problema modernizării în general, care este parte din discuția despre globalizare. Din acest motiv, ceea ce gînditorii români mai vechi sau mai noi au avut interesant de spus despre aceste lucruri merită recuperat și pus în circulație universală.

Sensul și modul în care a avut loc modernizarea la noi au fost principalele – am putea spune, obsesionalele, subiecte ale operei lui Gherea. Acestea i-au fost impuse de condițiile în care socialismul încerca să-și facă amici și să se definească pe sine în ținuturile dunărene. Explicațiile date de Gherea cu privire la modernizare au fost mai totdeauna provocate de reproșurile – îndreptățite – pe care i le aduceau adversarii politici sau intelectuali. Unii dintre ei, buni cunoscători ai socialismului, duceau pînă la ultimele consecințe afirmațiile lui Marx, care a spus la un moment dat că nici o societate nu-și pune probleme pe care nu le poate rezolva[172]. Așadar, cum ar fi posibil socialismul într-o țară ce nu este capitalistă? Alții îi atrăgeau atenția că, profesînd socialismul într-o țară lipsită de mare industrie, de burghezie și de proletariat, el încearcă doar să aclimatizeze o plantă exotică pe solul românesc, cam tot așa cum pașoptiștii încercaseră să transplanteze la noi liberalismul occidental.

Răspunzînd acestor acuzații, Gherea începe prin a accepta premisa că socialiștii săi sînt urmașii politici ai pașoptiștilor, cu revoluția cărora este de acord. În articolul «Karl Marx și economiștii noștri», el afirmă: «Dacă România noastră [cea de la 1848] ar fi singură în Europa ori îngrădită cu un zid chinezesc, atunci pentru aducerea la îndeplinire a

---

[172] Garabet Ibrăileanu – *Spiritul critic in cultura românească*, Editura Litera, Chișinău, 1997.

ideilor liberale ar fi trebuit sute de ani, adică pînă ce s-ar fi dezvoltat și la noi acea pătură care prin curentul ideilor luminate și al voințelor energice să ducă înainte întreaga dezvoltare. Din fericire însă, drumurile de fier, telegraful, legăturile internaționale, fie materiale, fie intelectuale, schimbă cu totul mersul lucrurilor. »[173]

Gherea dezvoltă de aici două idei foarte importante și interesante. Prima este aceea că modernizarea este produsul evoluției nu a « unei societăți » (în speță, cea română), ci « a societății » (omenească sau europeană)[174] – « sub societate se înțelege omenirea ori mare parte din omenirea civilizată »[175]. A doua idee este aceea că acțiunea politică și socială conștientă este o parte integrantă a evoluției, putînd s-o întîrzie sau s-o grăbească ; evoluția nu este un Dumnezeu care șade în cer și duce faptele acolo unde știe el. O societate afectată de imobilitate culturală, cum ar fi cea tradițională chineză, este condamnată la stagnare din motive subiective, nu obiective, iar dacă « ar năvăli asupra Europei chinezii, ar învinge-o, ar strica toată civilizația modernă ; în loc de bazele moderne sociale, cum sînt concurența, salariatul [...], chinezii ar întemeia [...] relații sociale chinezești »[176], iar evoluția socială ar fi blocată, ar muri. După Gherea, accidentele istorice, fie și propagandistice, pot fi determinate conștient. Gherea, așadar, se așază de la bun început pe pozițiile unui « posibilism » moderat, rupînd cu determinismul marxist dogmatic.

---

[173] Constantin Dobrogeanu-Gherea – *Opere*, vol. 1, Editura Politică, București, 1978, p. 45.
[174] *Ibid.*, vol. 2, p. 62.
[175] *Ibid.*
[176] *Ibid.*, vol. 2, p. 69.

Gherea explică angrenarea României în procesul de modernizare, trecerea noastră de la « feudalism la capitalism » printr-o formulă foarte flexibilă : România este o provincie a Europei și se comportă față de restul Europei așa cum s-a comportat provincia Bretania după revoluția franceză. Rămasă pînă atunci la nivelul secolului al XV-lea, după 1789, « de voie, de nevoie, a trebuit să primească și ea organizarea țării întregi »[177]. Sistemul de relații materiale și spirituale din România se modelează după cel al Europei Occidentale, așa cum și cel din Bretania a fost schimbat de cel al Franței. Într-o propoziție succintă și directă din studiul intitulat « Rolul păturii culte în transformările sociale », Gherea conchide : « Transformarea societății feudale în societate burgheză s-a făcut în țările înapoiate prin influența mediului internațional. »[178]

Nefiind un dogmatic, Gherea face această afirmație conștient de faptul că între dorința de a integra formele și relațiile străine de producție în România și realitatea funcționării lor există o distanță. Aceasta este distanța dintre forme și fond – o idee pe care o preia direct de la junimism și pe care nu se sfiește s-o folosească în chip creator. « În România », spune el, « mai întîi au fost introduse formele burgheze și pe urmă au început să se dezvolte condițiile materiale exterioare. »[179] Conflictul dintre forme și fond nu a apărut însă pur și simplu, ci este efectul intervenției unui factor conștient, care a așezat voit societatea în sensul progresului și a smuls-o din inerția orientală. Lucrul l-au făcut tinerii boieri și orășeni pașoptiști, emanație ideologică a epocii revoluțiilor europene. Numai

---

[177] *Ibid.*, vol. 2, p. 63.
[178] *Ibid.*, vol. 2, p. 432.
[179] *Ibid.*, vol. 2, p. 64.

prin acești agenți activi, prin acțiunea lor viguroasă, poten-
țialul de modernizare a fost pus în acțiune[180].

Această explicație este surprinzătoare pentru un marxist.
În acea epocă cel puțin, marxismul predica faptul că schim-
barea socială se produce mai întîi în fond (folosind jargonul
de rigoare : în « forțele de producție »), iar fondul forțează
schimbări în formele sociale (« relațiile de producție », struc-
turile sociale și ideologiile clasei conducătoare). A spune că
agenții conștienți și ideologia lor o pot lua înaintea forțelor
sociale este, pentru un bun marxist, un mod de a pune carul
înaintea boilor.

Neortodoxe cum sînt, aceste idei nu sînt însă noi, cel
puțin în context românesc. Ele erau preluate de la junimiști
și urmașii lor intelectuali. Cu adevărat nou, interesant și crea-
tor este însă faptul că Gherea nu se împiedică (întotdeauna)
în determinismul economic marxist pentru a explica de ce
boierii, negustorii și orășenii vor o schimbare. Ei nu o fac
neapărat pentru că au un interes economic imediat intern,
pentru că sînt reprezentanții capitalismului *intern*, ci pentru
că sînt reprezentanții săi ideologici și politici *externi*.

Aici Gherea este cu totul creator, așa cum observa Chi-
rot[181]. Grupurile conducătoare locale se angajează în proce-
sul de modernizare în primul rînd pentru că posedă instru-
mentarul intelectual și ideologic al societății omenești din
epoca respectivă : în secolul al XIX-lea ideologia liberală, iar
în secolul XX, cea socialistă. Accentul cade deci pe « pătura
cultă », pe care Gherea – pentru a păstra jargonul marxist
coerent, o numește și « burghezie » – nu se dă în lături să o

---

[180] *Ibid.*, vol. 2, p. 65.
[181] Daniel Chirot – « A Romanian prelude to contemporary de-
bates about development », *op. cit.*

identifice cu intelectualii[182]. Aceștia sînt parte a burgheziei europene, cu trupul în Est, dar cu interesele și cu sufletul în Occident. « Clasele guvernatoare, cuprinzînd toate partidele din țară, sînt reprezentantele burghezimii » generice prooccidentale și, în această calitate, ele sînt rezultatele condițiilor materiale burgheze universale.[183] « Condițiile materiale burgheze ale Europei și realizarea unei transformări liberalo-burgheze în Europa au silit România să treacă de la iobăgie la liberalismul burghez. Sprijinindu-se pe condițiunile exterioare, ca pe niște baze materiale, tinerimea de la 1848 a realizat reforma. »[184]

Mare parte din această demonstrație se află sintetizată în opera sa propagandistică « Ce vor socialiștii români ». Din motive polemice, ideologice și politice, descrierea concretă a procesului de evoluție socială este uneori aproape caricaturală. Comportamentul boierilor vechi care nu au ținut pasul cu tinerii boieri cuprinși în febra liberalismului amintește de filmele mute, căci este axat pe o psihologie simplistă : « O parte din boierime nu putu să se desprindă de împrejurările cele nouă. Leneșă, învățată cu relațiile patriarhale iobagiste, această parte din boierime n-a putut găsi activitatea și inteligența necesară pentru a exploata țăranii. Deprinsă să-i aducă țăranii toate de-a gata de acasă, la picioare, se trezi deodată că trebuie să tocmească lucrători, [...] să cumpere, să vîndă ! Dacă vom mai adăugi și [...] rușinea de a munci în

---

[182] Constantin Dobrogeanu-Gherea – *Opere*, vol. 2, *op. cit.*, p. 433-445.

[183] Suindu-se în amvonul predicatorului, Gherea sfîrșește fraza astfel : « [...] și poate cineva chiar „a prior" să-și închipuie cam ce poame trebuie să fie ». *Ibid.*, vol. 2, p. 95.

[184] *Ibid.*, vol. 2, p. 101.

vreun fel, vom pricepe de ce o parte din boierime s-a ruinat [...] cei tineri au început de ciudă a petrece, a azvîrli cu bani în dreapta și în stînga [185]. »

Caricatura culminează cu analiza la care Gherea supune calitățile noii clase politice modernizate. Uitînd că aceasta este emanația societății burgheze, că este urmașa directă a păturii culte ridicate de noua societate, «superioară» pe scara istoriei, o categorisește radical aristocrație «dobitoacă», «crudă», «tîmpită», cu nimic deosebită de clasa conducătoare occidentală. Gherea, ca și Marx, are o atitudine ambivalentă față de burghezie : pe de o parte, o ridică în slăvi, pe de alta, o aruncă în fundul iadului. «Tinerimea liberală burgheză, introducînd formele social burgheze, tindea să întemeieze o clasă domnitoare deopotrivă cu cea din Europa, adică o clasă răpitoare, stricată, fără de conștiință, cu atîta mai mult coruptă și fără conștiință cu cît se dezvolta la noi cînd în Europa aproape își isprăvise rolul istoric și arătase care i-i arama. » [186]

Fără a părăsi tonul polemic și acuzațiile grele pe care le aduce clasei dominante, vechi sau noi, Gherea va continua, totuși, să-și precizeze în operele mai tîrzii modelul societății române și al modernizării ei, îndeosebi cu privire la anatomia și rolul grupurilor sociale intelectuale în modernizarea și conducerea țării. Ambiția lui cea mare este nu numai de a explica în ce fel aceste grupuri controlează România, ci și cum li se poate aplica tuturor țărilor subdezvoltate ceea ce a aflat el despre România.

După 1907, în mai multe articole, dar mai cu seamă în lucrările *Neoiobăgia* și *Cuvinte uitate*, Gherea încearcă să for-

---

[185] *Ibid.*, vol. 2, p. 76.
[186] *Ibid.*, vol. 2, p. 66.

muleze o «lege a dezvoltării societăților înapoiate». Deși efortul său sună dogmatic-marxist, socialistul român este foarte flexibil, căci, în loc să caute legități abstracte care să se aplice oriunde și oricînd, el se străduiește mai degrabă să formuleze niște principii metodologice de *chestionare a condițiilor locale*. O asemenea abordare propune, de fapt, nu o lege universală, ci o metodologie euristică – o nouă subtilitate intelectuală.

În *Cuvinte uitate* – articol apărut în 1907 – Gherea reia explicarea, acum mult mai precisă, a modernizării și introduce următoarea idee : atunci cînd studiem modernizarea într-o țară ca România, trebuie să ne uităm în primul rînd la condițiile sociale reale ale acestei țări, nu la scheme ideologice. Mai mult, «trebuie să avem în vedere și să ținem în seamă totalitatea condițiunilor sociale ale acelei țări, nu numai de o parte »[187]. Acestea pot fi culturale, sociale, politice sau economice. Ele sînt văzute – într-un mod destul de neortodox din punctul de vedere al marxismului tradițional ca un set de forțe ce se influențează reciproc, și nu ca o ierarhie de forțe mișcate numai de una dintre ele, respectiv cea economică. Din această perspectivă, Gherea trage concluzia – absolut eretică în raport cu rigorile marxismului tradițional – că suprastructura (aparatul politic, legal și cultural) nu este « o categorie absolut pasivă, care urmează în mod pasiv dezvoltarea economică și culturală a societății, [...] ci, la rîndul ei, această categorie formală socială influențează starea reală economic-socială »[188]. Cum știm, marxismul tradițional spune că numai baza socio-economică poate schimba suprastructura, și nu viceversa.

---

[187] *Ibid.*, vol. 2, p. 482.
[188] *Ibid.*, vol. 3, p. 501.

În postfața la studiul lui Kautsky *Bazele social-democrației*, publicat în 1911, Gherea[189] inversează dramatic celebra frază a lui Marx care spunea că baza materială influențează suprastructura oricărei societăți. Luînd aminte la analiza junimistă, care demonstrase cu succes că, în România, acțiunea conștientă a creat condițiile sociale necesare modernității, Gherea ajunge la concluzia că « legea de fier » a determinării societății trebuie modificată : « În țările înaintate capitaliste formele sociale urmează fondul social, în țările înapoiate, fondul social e acela care urmează formelor sociale. »[190]

Acest model al determinării sociale este, în mod evident, unul cu două sensuri, Gherea adoptînd o poziție a multideterminării modernizării care îl pune pe harta socialismului european. Demonstrația completă este făcută în *Neoiobăgia*, unde el enumeră nu mai puțin de patru factori determinanți ai modernizării : « condițiile economice-sociale rezultate din legăturile cu Occidentul european ; [...] relațiile culturale ; [...] necesitățile dezvoltării capitaliste ulterioare ; [...] interesele conservării statului, independenței naționale și a neamului însuși, toate reclamau introducerea instituțiilor liberalo-burgheze »[191].

Deși nesigur în privința priorităților și folosind un limbaj ambiguu – care acum accentuează politicul, pentru ca imediat să spună că factorii economici au fost foarte importanți –, Gherea ne oferă o bogată paletă de explicații ale modernizării. Interesant este accentul pe care îl pune pe cauzele politice și statale ale modernizării. Rațiuni de stat și naționale – spune el – au modelat cu putere societatea ro-

---

[189] *Ibid.*, vol. 5.
[190] *Ibid.*, vol. 5, p. 45.
[191] *Ibid.*, vol. 4, p. 41.

124

mânească, în special prin intermediul revoluției culturale și ideologice.

Pentru Gherea, modernizarea a fost în mare măsură o strategie de supraviețuire în fața imperialismului rus. La sfîrșitul secolului al XVIII-lea și în prima jumătate a celui următor, « cel mai mare pericol pentru însăși existența neamului [era] [...] Rusia [...] Similitudinea de religie, de organizație economică, de instituții și, mai ales, similitudinea de clase conducătoare, toate acestea au făcut ca Rusia să socotească provinciile « moldo-valahe » ca o pradă ușoară. Introducînd instituțiile liberale și încă liberale înaintate, care nu aveau nici o asemănare cu cele rusești [...] România a așezat [...] între ea și Rusia [...] o prăpastie »[192]. O opinie foarte interesantă, deși trebuie să amintim faptul că fuga de Rusia autocratică a fost favorizată de facțiuni liberale ruse, cel puțin înainte de 1848. Primul așezămînt constituțional românesc, Regulamentul Organic, a fost impus de generalul rus Kiseleff, care dorea să le demonstreze șefilor săi de la Sankt Petersburg că există și alte formule abordabile de conducere politică pentru țările Estului european, inclusiv pentru Rusia, decît autocrația țaristă[193].

Gherea nu se oprește însă la imperativele politice ale modernizării românești. El accentuează, deopotrivă, rațiunile culturale ale transformării, scoțînd în evidență faptul că modernizarea este o « revoluție în capete », stimulată de o marfă *sui-generis*, cartea[194].

---

[192] *Ibid.*

[193] Neagu M. Djuvara – *Între Orient și Occident : Țările Române la începutul epocii moderne (1800-1848), op. cit.*

[194] Constantin Dobrogeanu-Gherea – *Opere, op. cit.*, p. 38.

Neoiobăgia, în care apar aceste comentarii, este însă o carte inegală şi inconsecventă ca toată opera lui Gherea. În ea găsim şi pasaje sau idei care sugerează un interes pedestru şi previzibil în forţele economice. Dintr-un explicabil reflex ideologic, Gherea are tentaţia de a accentua, cînd şi cînd, aspectul economic. În mod straniu, acest gest reflex pare să plutească pe deasupra modelului său explicativ ultim, al multideterminării. Bine sau rău combinat cu ceilalţi factori, progresul economic este totuşi discutat şi este important, cel puţin pentru autor. Gherea merge chiar atît de departe, încît inventează « relaţii capitaliste de producţie » în satul românesc de dinainte de 1848, contrazicîndu-şi propriile afirmaţii conform cărora lumea noastră rurală se afla pe atunci în feudalismul cel mai autarhic. Astfel, după ce afirmă că: « la începutul veacului trecut găsim la ţară, în sat, un nivel de producţie economică şi relaţii sociale ca în evul mediu. Ţăranul produce în casă toate cele necesare vieţii lui, boierul primeşte serviturile mai mult în natură [...] gospodăria este în mare parte naturală »[195], Gherea descrie un tablou al pătrunderii relaţiilor comerciale capitaliste pînă în adîncul satelor în aceeaşi epocă : « negustorul occidental [...] aduce bani sunători cu care cumpără din sat grîu, porumb, iară pentru a-şi lua îndărăt banii aduşi [...] trimite încoace mărfurile sale. »[196]

Inconsecvenţa — care comprimă şi accelerează în acelaşi timp efectele comerţului în decursul a doar cîţiva ani — este jenantă şi trădează încă o dată natura ideologică a volumului ca întreg. Cu toate acestea, Gherea creează în frontul marxist un puternic şi inovator cap de pod teoretic, pe care

[195] *Ibid.*, vol. 4, p. 31.
[196] *Ibid.*, vol. 4, pp. 34–35.

îl va folosi de multe ori pentru a face incursiuni în promi-
țătoarea țară a «socialismului conservator.»[197] Unele dintre
aceste expediții, în special cele efectuate în căutarea clasei
conducătoare a României moderne, sînt foarte interesante.

Evoluția ideilor lui Gherea despre natura clasei politice
românești a fost lentă, crescînd din intuițiile parțiale menționate
în «Ce vor socialiștii români», publicate în 1886, și în
«Rolul păturii culte...», în care vorbește de o clasă politică
modernizatoare compusă din «burghezimea liberală guver-
namentală»[198]. Ideea centrală ce trebuie reținută este că tine-
rimea pașoptistă, fostă boierească, devenită intelectuală, și-a
creat privilegii, economice și de altă natură, *prin intermediul
statului.* [199]

Prin aceasta, Gherea manifestă o adevărată fascinație pen-
tru rolul «păturii culte» în viața politică. El atrage atenția
asupra faptului că această pătură cultă este o ființă proteică,
putînd fi, succesiv ori chiar simultan, feudal-boierească și/sau
modern-burgheză, și că distincțiile dintre «conservatori»

---

[197] Faptul că în aceste demonstrații Gherea folosește ideile juni-
miste este confirmat de el în mod direct în introducerea *Neoiobăgiei*,
în care face referire la teoria formelor fără fond : « e o parte de ade-
văr în această critică [junimistă], și anume că noi n-am avut ante-
cedente sociale lăuntrice asemănătoare cu cele din Occident care să
fi necesitat introducerea noii întocmiri și e iarăși adevărat că liberalii
vechi au dat o importanță exagerată instituțiilor, socotind că ele pro-
duc civilizația, și nu viceversa. Fetișismul instituțiilor și legilor a ră-
mas și la urmașii lor într-o măsură atît de mare, încît a fost destul ca
tinerimea generoasă să intre în partidul liberal ca să se molipsească și
dînsa de același fetișism și să piardă clara pătrundere a lucrurilor pe
care o avusese altădată. » *Ibid.*, vol. 4, p. 33.
[198] *Ibid.*, vol. 2.
[199] *Ibid.*, vol. 2, pp. 74-94.

(reacțiunea) și « liberali » (națiunea) sînt formale[200]. Trecerea
la societatea modernă, deși provocată de agitațiile liberalilor
constituționali de la 1848 – spune Gherea –, a fost la timp de-
turnată de clasa boierească, care a reușit să-și prezerve privi-
legiile. Noua clasă conducătoare a României a devenit o
« oligarhie deschisă »[201] construită în jurul statului modern.
Desigur – se grăbește el să adauge –, puterea politică a fost
curînd consfințită de proprietăți funciare, exploatate mai mult
sau mai puțin capitalist.

Constituirea grupului conducător în funcție de moder-
nizarea și construcția statului modern au făcut însă, în cele
din urmă, ca trăsătura principală a acestei noi clase politice să
fie birocrația. Gherea reia, în linii mari, demonstrația junimis-
tă, așa cum am descris-o deja. Junimiștii indicau o clasă a
avocaților care a introdus legislația franceză numai pentru
a-și asigura monopolul noului limbaj politic, creînd astfel o
nouă ierarhie socială, definită prin educație și controlul func-
țiilor de stat. Gherea, la rîndul său, vorbește de « clasa pro-
fesioniștilor politicianismului »[202] (vizitîndu-i pe cei calificați
intelectual pentru a-și face din politică o profesie), produsul
copierii « instituțiilor liberale fără nici o critică ». Această imi-
tație ar fi fost urmată de proliferarea cancerigenă a funcțio-
narilor și funcționarismului : « Introducînd vreo instituție,
se cereau mulțime de funcționari, se cerea alta care să o con-
troleze pe aceasta și, în sfîrșit, încă una, a treia, care să o
controleze pe a doua. »[203] Pe scurt, Gherea afirmă că în Ro-
mânia, unde nu exista o burghezie, clasa politică au consti-

---

[200] *Ibid.*
[201] Termenul îi aparține lui Gherea. *Ibid.*, vol. 5, pp. 177-178.
[202] *Ibid.*, vol. 5, p. 178.
[203] *Ibid.*, vol. 2, p. 75.

tuit-o cei educați în spirit occidental să administreze afacerile publice.

Argumentul său nu este totdeauna consecvent. Uneori el se contrazice, polemizînd cu junimiștii, care vedeau în calificarea intelectuală a politicianului o sursă de mobilitate socială, de deschidere a pozițiilor puterii pentru cei de jos, îndeosebi pentru intelectualii urbani și mica boierime. Gherea susține contrariul : profitînd de nevoia obiectivă de modernizare, văzută ca antidot la încorporarea în lumea rusă, boierimea – vechea elită politică, avînd doar o spoială de cultură burgheză, pe jumătate feudală – a copiat instituțiile și legile burgheze și a permis deschiderea cercurilor puterii pentru a menține *statu-quo*-ul, nu pentru a-l modifica[204]. În esență – conchide Gherea –, modernizarea nu a schimbat mult în substanță, deși a făcut-o în formă, pentru că « toată puterea este tot a vechii clase »[205], a boierilor feudali. El ia această poziție, din nou, din motive polemice și doctrinare. Crezînd în rolul luptei de clasă și prea puțin în ideea mobilității sociale, a « arivismului », nu vrea să accepte inițial propria-i descoperire, și anume aceea că clasa conducătoare românească e mai complexă și mai interesantă decît pare. Doar într-o operă tîrzie, *Oligarhia română* – și acolo incomplet –, încearcă Gherea să fie mai coerent și să construiască de la cap la coadă o teorie a clasei politice birocratizate locale care a făcut trecerea de la feudalism la capitalism. Această clasă conducătoare, deși numită ici-colo « burghezie », este de data aceasta foarte clar definită ca o clasă politică, « o oligarhie politică »[206], susținută de votul cenzitar. Gherea afirmă acum mai răspicat

---

[204] *Ibid.*, vol. 2, p. 435.
[205] *Ibid.*, vol. 2, p. 437.
[206] *Ibid.*, vol. 5, p. 176.

că oligarhia română a fost o clasă politică – orice s-ar spune –
deschisă, care numai în parte a reciclat vechea aristocrație.

Procesul de asimilare a clasei de jos de către cea de sus se
sfîrșește cu un tîrg între reprezentanții nobilimii tîrzii fana-
riote și regulamentare (observăm noi : un grup, destul de des-
chis, la rîndul lui, datorită funcționarizării rangurilor) și noii
veniți pe scena politică după 1830-1848. În cuvintele lui Ghe-
rea : « Clasele noastre de sus, atît de zgîrcite cînd este vorba
despre drepturile poporului adevărat [aici Gherea vorbește
despre lucrătorii orășeni și despre țărani, excluzînd clasele
mijlocii – *n. n.*], au avut, firește, grija de a restrînge cercul ace-
lora care pot lua parte la viața politică ; cînd a fost însă vorba
despre recrutarea oligarhiei politice, au fost foarte generoase
și, în marginile restrînse ale colegiilor noastre cenzitare, au
lăsat ușile larg deschise pentru ca să poată intra în raiul oli-
garhiei boiernașii, negustorii, [...] popii, avocații (mai ales aceș-
tia din urmă, care, prin însăși profesiunea lor, erau meniți să
joace un rol covîrșitor în oligarhia politică), profesiunile li-
bere [...] funcționarii, declasații (și) clasa profesioniștilor po-
liticianismului. »[207]

Desigur – spune Gherea – compromisul nu s-a putut
încheia fără aprige negocieri. La început, între grupul pro-
prietarilor și al aspiranților la politică prin calificarea lor inte-
lectuală se desfășoară o luptă aprigă de acomodare, de reglare
prin conflict a mecanismului politic. Această luptă, alături de
necesitatea de a împărți în două tranșe mulțimea aspiranților
la folosirea bugetului, a dus, după părerea lui Gherea, la sis-
temul bipartit de guvernare. Dar, odată pactul încheiat, par-
tidele s-au omogenizat. Consfințirea pactului social s-a făcut
prin împroprietărirea funcționarilor și a profesiunilor libe-

---

[207] *Ibid.*, vol. 5, p. 178.

rale cu moșii cumpărate din averea statului și prin funcționarizarea foștilor moșieri ruinați, care s-au văzut nevoiți să se facă avocați sau birocrați.

Consecința acestui aranjament social a fost un nou tip de rețetă a «respectabilității». Românul respectabil, «de societate» trebuie să treacă printr-un anume *cursus honorum*: ocuparea unei funcții în stat și apoi lansarea în afaceri, fie ele industriale, agrare sau financiare. Oligarhul devine astfel o ființă cu dublă afiliere de clasă: «Țara noastră e o țară mică și săracă, cîmpul de înavuțire e foarte restrîns. De aceea, oligarhul român cu trecere mai mare nu se putea resemna să rămînă în marginile unei clase [...] avocat sau ba, îmbogățit în, din și prin afacerile statului devine mare proprietar rural [...] devine industriaș [...] devine negustor [...], e financiar, el este și rămîne (mai ales) un stîlp al oligarhiei politice și ca atare participant la [...] industria politică.»[208]

Structurarea puterii politice în jurul instituțiilor statului, extragerea puterii din simplul fapt al deținerii unei funcții i-au conferit regimului politic românesc cîteva trăsături esențiale. Una dintre cele mai importante este clientelismul. Gherea, urmărindu-i din nou pe junimiști, deplînge umflarea exagerată a clasei funcționarilor. El susține că birocrația românească era, la cumpăna secolelor XIX-XX, de două ori mai numeroasă decît muncitorimea din industria mare, în care lucra fiecare al zecelea bărbat major, deci cam 150 000 de oameni.[209] Clientelismul a creat o psihologie parazitară: «În mintea fiecărui cetățean încolțește ideea, sugerată de mecanismul regimului oligarhic, că, după cum oligarhia trăiește pe socoteala statului, fiecare cetățean român trebuie să poată trăi la fel, că

[208] *Ibid.*, vol. 5, p. 181.
[209] *Ibid.*, vol. 5, pp. 183-184.

de aia doar e stat. Celebra opinie a Conului Leonida nu e inventată de Caragiale. »[210]

Construirea mai tuturor carierelor în legătură cu birocrația de stat și a rețelelor clientelare pe care le implică duce inevitabil la arbitrariu și partizanat, pentru că totul atîrnă de sorții puterii, care astăzi e și mîine nu mai e. De aici se nasc și «legile de hatîr», ca și recuzările în lanț ale legilor votate de partida adversă. Spre deosebire de sistemele politice în care puterea este controlată de grupurile economice și în care legile, create pentru niște interese stabile, sînt făcute pentru a fi respectate, în regimul oligarhiei politice legile sînt făcute pentru a fi încălcate, pentru că «oligarhia are nu numai interesele industriei ei proprii, [...] politica [...]. Ea [...] are interese politice momentane, care o împing să calce legile cînd și unde poate »[211]. Arbitrariul este unul structural, care ține de clientism, și care la rîndul sau este legat de dominația statului asupra societății civile.

Modul în care Gherea portretizează grupul dominant în societatea românească este foarte puțin măgulitor, dar este, în același timp, complex, gata să împrumute de unde poate și inovator. Socialistul combină înțelegerea dinamicii intelectuale și culturale cu descrierea realităților politice românești în concretețea lor inconfundabilă. Deși polemic, adesea caricatural sau chiar dogmatic, Gherea recunoaște, direct sau indirect, și faptul că sub regimul «oligarhic» s-a putut constata dezvoltarea mai multor grupuri de interese și a avut loc educarea unei clase politice care, vrînd-nevrînd, a făcut unele reforme importante.

Poate nimic nu este mai semnificativ decît faptul că Gherea admite că reformele de după primul război mondial – votul

---

[210] *Ibid.*, vol. 5, p. 184.
[211] *Ibid.*, vol. 5, p. 185.

universal și împroprietărirea – au fost rezultatul unei maturizări politice a clasei conducătoare din România. Relatînd, nu fără umor, o conversație pe care a avut-o cu un important om politic român înainte de primul război mondial, Gherea arată că reformele politice au fost, cel puțin în parte, consecința conștientizării, chiar în rîndul «oligarhilor», a faptului că sistemul politicianist era minat dinăuntru de propriile vicii, mai ales de clientelism : « Domnule Gherea – îmi spunea cu multă căldură, acum vreo 12 ani [pe la inceputul secolului – *n. n.*] un mare elector din provincie, al cărui nume va rămîne istoric în analele alegerilor românești – dv., socialiștii, sînteți pentru sufragiul universal. Nu dumneavoastră, ci noi, oamenii politici burghezi, sîntem și trebuie să fim pentru sufragiul universal, că doar așa vom scăpa de pacostea alegătorului [clientului– *n. n.*] român. Apoi știi dumneata ce pățim noi, oamenii politici ? Cum naște dumnealui [se înțelege, clientul, alegătorul cenzitar– *n. n.*] trebuie să-l botez, căci tată-său și unchiu-său sînt alegători. A intrat în școală ? E imbecil și leneș ? Trebuie să alergi pe la profesori să-l treacă din clasă în clasă, să nu rămînă repetent. A intrat în universitate ? Trebuie să-i mijlocesc o bursă. A terminat studiile ? Trebuie să-i caut o slujbă. A făcut în slujbă confuzie între banii lui și ai statului ? Trebuie să-l scap de bucluc, să nu înfunde pușcăria. I s-a făcut de însurătoare ? Trebuie să-l cunun. În sfîrșit, cînd a murit, cînd să zici și tu că ai scăpat – că atîta are bun alegătorul român, că nu e nemuritor –, ași de unde ! Trebuie să te îmbraci în haine negre, să pui crep la cilindru și, înaintea unei lumi întregi, să-l lauzi, domnule, pe pungașul acela și să-l dai de pildă generațiilor viitoare. De-ar veni odată sufragiul universal să scăpăm de corvoada asta ! »[212]

---

[212] *Ibid.*, vol. 5, pp. 226-227.

Nu lipsită de contradicții – în parte de înțeles, deși nu justificate, în cadrul polemic al discuției timpului, în parte produs al opțiunii marxiste, aflată în confruntare cu mediul intelectual românesc din care își extrage importante idei –, concepția lui Gherea despre originile modernizării românești și despre principalul său actor este pe alocuri de o prospețime reconfortantă. Multe dintre istoriile și analizele sociologice, noi sau vechi, ale modernizării țării sună vetust pentru că nu au curajul intelectual de a trece bariere mentale și de a îmbrățișa ideile adversarului. Acest exercițiu nu este simplu – presupune o tensiune mentală și ideologică pe care numai minții cele mai tari au puterea nu numai de-a o suporta, ci și de-a o exploata. Gherea, din nou, cu toate inconsecvențele sale, are această capacitate.

Extrem de fertil mi se pare și modul în care socialistul român continuă discuția despre clasa politică. Sociologia clasei conducătoare pe care ne-o lasă este modernă pentru că, pe alocuri, el vede limpede că grupurile sociale se pot structura ierarhic pe cîteva axe ce nu se exclud între ele. Aici, deși nu-l menționează, Gherea se apropie de marele său contemporan german Max Weber, care lansa ideea că grupurile conducătoare se pot defini prin prestigiu și cultură tot atît de mult pe cît se definesc prin avere sau putere politică. Într-un fel, această idee influențează și eseul cu care am deschis acest volum. Teza mea – aceea că grupurile intelectuale de prestigiu sînt dominante în societatea românească, își are originea în ideile pe care le-am întrezărit în cursul lecturii lui Gherea, Maiorescu și Max Weber.

Deși uitat astăzi, Gherea rămîne un punct de reper interesant în sociologia românească prin deschiderea sa intelectuală și prin puntea pe care ne-o oferă către marile dezbateri contemporane, din care marxismul nu lipsește. Voi încerca să descriu o astfel de pasarelă în eseul următor, arătînd că deschiderea intelectuală a lui Gherea poate fi un model pentru reconcilierea ideologică a celor care vorbesc despre globalizare astăzi.

O poveste
românească
despre globalizare

O intensă dezbatere de idei pe marginea posibilității de a crea o nouă ordine socială și culturală globală este astăzi alimentată de o serie de factori, îndeosebi politici și economici[213]. Printre ei se numără eliberarea țări-

[213] Benjamin R. Barber – *Jihad vs. McWorld*, Ballantine Books, New York, 1995 ; Anthony Giddens – *Modernity and Self-Identity : Self and Society in the Late Modern Age, op. cit.* ; Anthony Giddens – *Runaway World : How Globalization is Reshaping Our Lives*, Routledge, New York, 2000 ; Colin Hay și David Marsh – *Demystifying Globalization. Globalization and governance*, Macmillan, Houndmills Basingstoke, Hampshire, 2000 ; David Held *et al.* – *Global Transformations*, Stanford University Press, Stanford, 1999 ; Alex Inkeles – *One World Emerging ?*, Westview Press, Boulder, 1998 ; Sorin Matei și Peter Monge – « Globalization, communication and democracy 1989-1999 », *Sfera Politicii*, nr. 104, 18-24 octombrie 2003 ; James H. Mittelman – *Globalization : Critical Reflections*, vol. 9, *International political economy yearbook*, Lynne Rienner Publishers, Boulder, 1996 ; Peter Monge – « Communication structures and processes in globalization », *Journal of Communication*, 48, 1998 ; Simon Reich și Helen Kellogg Institute for International Studies – *What Is Globalization ? Four Possible Answers*, The Helen Kellogg Institute for International Studies, Notre Dame, Ind., 1998 ; William K. Tabb – « Globalization is an issue, the power of capital is the issue », *Monthly Review*, 49, nr. 2, 1997, disponibil la http://www.lexis-nexis.com/universe ; Malcolm Waters – *Globalization. Key Ideas*, Routledge, Londra, New York, 1995.

lor est-europene de totalitarism, democratizarea (chiar temporară) a lumii a treia, liberalizarea economică mondială și explozia rețelelor de telecomunicații. Deși mulți acceptă realitatea acestor procese, grupate laolaltă sub termenul generic de « globalizare », puțini sînt de acord cu semnificația lor. În mare, dezbaterea are loc între optimiști și pesimiști. Primii văd venirea noii ordini globale, pe urmele Internetului, ca o nouă parousia a Omului Tehnologic[214]. Ceilalți văd în globalizare o formă de Armagedon Rece, în care corporațiile multinaționale își dau arama pe față, pregătindu-se pentru confruntarea finală cu nevoiașii lumii[215].

Problema este însă că dincolo de retorică se ascund anxietăți și speranțe reale legate de ceea ce ar putea să facă (bun sau rău) globalizarea pentru noi. Din nefericire, diferențele ideologice sînt enorme, uneori chiar în sînul fiecăreia din-

---

[214] David A. Baldwin − *Neorealism and Neoliberalism : the Contemporary Debate, New Directions in World Politics*, Columbia University Press, New York, 1993 ; John Baylis și Steve Smith − *The Globalization of World Politics : an Introduction to International Relations*, Oxford University Press, New York, 1997 ; Nicholas Negroponte − *Being Digital*, 1a ed., Knopf, New York, 1995 ; Kenichi Ohmae − *The End of the Nation State : the Rise of Regional Economies*, Free Press, New York, 1995.

[215] Samir Amin − *Capitalism in the Age of Globalization the Management of Contemporary Society*, Zed Books, Londra, Atlantic Highlands, 1997 ; Benjamin R. Barber − *Jihad vs. McWorld, op. cit.* ; Dave Broad − « New world order versus just world order », *Social Justice*, 25, nr. 2, 1998 ; Christopher K. Chase-Dunn − *Global Formation : Structures of the World-Economy,* ed. rev., Rowman & Littlefield Publishers, Lanham, 1998 ; Leo Panitch − « The state in a changing world : social democratizing global capitalism ? » *Monthly Review*, 5 octombrie 1998, disponibil la http://www.lexis-nexis.com/universe ; Simon Upton − *Europe and Globalisation on the Threshold of the 21st century*, Zentrum für Europäische Integrationsforschung, Bonn, 1998.

tre cele două tabere. S-ar părea că această ocazie de a clari-
fica, problematiza și profita de pe urma promisiunilor unei
lumi care aspiră la convergență și care a pus spectrul ani-
hilării nucleare totale deoparte poate fi ratată în orice clipă.
Este oare posibil să se ajungă la un consens intelectual ?
Un răspuns afirmativ pare adecvat – deși poate avea aerul
unei bravuri poetice –, dacă o condiție necesară este îndepli-
nită : existența unui vocabular comun al globalizării și a unui
set de idei și probleme pe care le recunoaștem cu toții ca
importante.

Platon spunea însă că problemele de cunoaștere inatacabi-
le trebuie tratate cu « delicatețe », învăluite în aura mitului și
a poveștii. Iată de ce o să introduc în discuție o « snoavă »
din Estul Europei. Ea nu oferă o soluție, ci doar o metaforă
euristică. Prăpastia dintre viziunile globalizării contempora-
ne și complexitatea pozițiilor e infinit mai mare decît cea pe
care o voi descrie în această poveste, dar dialogul cred că este
posibil și într-un caz, și în celălalt.

Cum spuneam, în dezbaterea legată de globalizare se în-
fruntă tabăra optimistă cu cea pesimistă. Optimiștii cred în
« revoluția tehnico-științifică », ce va duce – printr-un meca-
nism tehnologic avînd în centru telecomunicațiile – la stabi-
lizarea economică a lumii[216]. Democrația îi va urma prospe-
rității la scurt timp. Toate acestea vor contribui la atenuarea
diferențelor sociale și culturale[217], iar lumea va sfîrși, poate, sub
umbrela unui stat global federal. Optimismul este în același
timp manifestarea unei credințe într-un progres liniar. Naivi-
tatea acestor prognosticuri ignoră forța culturii și a nevoii de

---

[216] Nicholas Negroponte – *Being Digital, op. cit.* ; Kenichi Ohmae –
The End of the Nation State : the Rise of Regional Economies, op. cit.
[217] Alex Inkeles – *One World Emerging ?, op. cit.*

păstrare a identității în modelarea lumii[218]. Identități naționale, de grup, de stratificare socială ori ocupațională, mai nou identități ale grupurilor neomilenariste de toate soiurile au sabordat modelul optimist și dau apă la moară pesimiștilor. Aceștia au argumente multe și interesante pentru rezervele lor la globalizare. Cei mai mulți se recrutează din zona radicală a spectrului social și intelectual. Criticii globalizării cred că printre efectele sale se numără destructurarea sistemului de simboluri care a ținut laolaltă ordinea intelectuală și socială « posttradițională »[219]. Această destructurare duce la dezagregarea lumii în ansamblul ei. Experiența umană vie este fragmentată și « disecată » în procesul de raționalizare a lumii. Solidaritățile umane sînt macerate și recompresate prin colapsarea timpului și spațiului social[220]. Sensibilitatea umană, astfel golită de conținut, este colonizată de forme simulate și narcotizante – așa susțin postmoderniști ca Baudrillard[221]. Forme de viață și cultură autentice sînt înlocuite cu forme prefabricate, de mică valoare, răspîndite prin intermediul bunurilor de consum produse de companii internaționale lipsite de conexiuni esențiale cu zonele în care produsele sînt consumate[222].

---

[218] Benjamin R. Barber – *Jihad vs. McWorld*, *op. cit.* ; Mike Featherstone – *Global Culture : Nationalism, Globalization, and Modernity : a Theory, Culture & Society Special Issue*, Sage Publications, Londra, Newbury Park, 1990 ; Anthony Giddens – *Modernity and Self-Identity : Self and Society in the Late Modern Age*, *op. cit.*

[219] Anthony Giddens – *Modernity and Self-Identity : Self and Society in the Late Modern Age*, *op. cit.*

[220] *Ibid.*

[221] Jean Baudrillard – *Simulacra and Simulation. The Body, in Theory*, University of Michigan Press, Ann Arbor, 1994.

[222] Joseph E. Davis – *Identity and Social Change*, Transaction Publishers, New Brunswick, 2000 ; Mike Featherstone – *Cultural Theory and Cultural Change*, Sage Publications, Londra, Newbury Park, 1992 ;

La un nivel mai profund, criticii sesizează « ieșirea » culturii de sub imperativul social și politic, autonomizarea sa în forme distructive. Acestea creează republici bananiere « ale norilor », în care birocrații suspendate în aer nu integrează viață socială locală, ci o conectează la o « lume de aiurea » (Occident, utopie, tehnologie)[223]. Forme culturale denaturate, fără nici un înțeles utilizabil în viața socială (*kitsch*), se răspîndesc ca furnicile în toate cotloanele lumii[224].

Aceste diagnostice identifică și investighează probleme reale. Sărăcirea esențială a lumii, sub impactul produselor culturale fabricate în masă, este o realitate a vieții democratice, care a promis ciorapi de mătase fiecărei funcționare, ca să-l parafrazăm pe Schumpeter. Promovarea unui etos hiperindividualist, instrumental și rațional, care judecă totul din punctul de vedere al costurilor și beneficiilor pentru sine și e capabil să se reinventeze în orice moment, a creat un tip de personalitate incredibil de nesuferit – snoabă, egoistă și manipulatoare[225].

Mike Featherstone – *Undoing Culture : Globalization, Postmodernism and Identity*, Sage Publications, Londra, 1995 ; Mike Featherstone, Scott Lash și Roland Robertson – *Global Modernities. Theatre, Culture & Society*, Sage Publications, Londra, 1995.

[223] Anne Buttimer, Stanley D. Brunn și Ute Wardenga – *Text and Image : Social Construction of Regional Knowledges. Beiträge zur regionalen Geographie*, 49, Institut für Länderkunde, Leipzig, 1999 ; Joseph E. Davis – *Identity and Social Change*, op. cit. ; Mike Featherstone – *Undoing Culture : Globalization, Postmodernism and Identity*, op. cit. ; Anthony Giddens – *The Consequences of Modernity*, op. cit.

[224] Mike Featherstone – *Undoing Culture : Globalization, Postmodernism and Identity*, op. cit.

[225] Richard Barbrook și Andy Cameron – *The Californian Ideology*, (pagină de Web), 1995 (citat la 5 august 1999) ; disponibil la http://www.wmin.ac.uk/media/HRC/ci/calif5.html ; Christopher Lasch – *The Culture of Narcissism : American Life in an Age of Diminishing Expectations*, Norton, New York, 1991.

Personalitatea umană este redusă la o « unicitate » înțeleasă strict senzorial. Victoria finală a avangardei, al cărei stil a devenit limba demotică a televiziunii (vezi MTV), a transformat arta – cum spune Irving Kristol[226] – într-un exercițiu nerușinat de autopromovare, moartea autorului instaurînd dereglarea prin marketing a tuturor simțurilor vulgului.

Lumea a treia, amețită de zeci de ani de experimente de modernizare (comuniste, socialiste dar și occidentale), a pierdut, odată cu instituțiile culturale tradiționale, chiar capacitatea de a înțelege diferența dintre uman și animal. Hecatombele rwandeză și cambodgiană (dar și afgană, bosniacă, somaleză etc.) transmit imaginile corecte ale unor societăți care, după ce au fost lovite de trăsnetul colonizării, nu mai reușesc să-și aducă aminte cine sînt[227]. Ordinea tradițională, odată distrusă, a lăsat în urmă doar biciul, securea și kalașnikovul ca forme de control uman. Statele criminale din cartelul drogurilor au creat noi forme de solidaritate socială și culturală, cu zei, eroi, morminte și echipe de fotbal proprii. Ele sînt conduse de « oameni mari », care amintesc de bogații cetățeni-regi alexandrini ai Imperiului Roman, tolerați atîta vreme cît plătesc tribut cezarilor zilei, locali sau internaționali. Organizații ca mafiile drogului din Columbia sau din Mexic dau o semnificație nouă ideii de « cetățean al lumii »[228].

---

[226] Irving Kristol – *Neoconservatism. The Autobiography of an Idea*, The Free Press, New York, 1995.

[227] Robert D. Kaplan – *The Coming Anarchy : Shattering the Dreams of the Post Cold War*, 1a ed., Vintage Books, New York, 2001.

[228] Jesús Blancornelas – *El cártel : los Arellano Félix, la mafia más poderosa en la historia de América Latina*, 1a ed., Plaza y Janés, México, D.F., 2002 ; Patrick Clawson și Rensselaer W. Lee – *The Andean Cocaine Industry*, St. Martin's Press, New York, 1996 ; Andrew Cockburn, Leslie

La aceste fenomene se adaugă rolul credinței într-o umanitate autotelică, stihinică și entropică, ce contribuie în mod direct la fragmentarea culturală a lumii. Un rol important joacă în acest proces idealul individualist romantic/modern[229]. Pe măsură ce răspîndirea lui crește – se «globalizează» –, unificînd superficial culturile[230], el ne înstrăinează din ce în ce mai mult unii de alții, așa cum cu luciditate au prezis Durkheim și Tocqueville. Idealul nietzschean al vieții ca o operă de artă, a cărei valoare constă în originalitate și «unicitate» (chiar atunci cînd este produsă în masă de variate industrii), este intens propagată de subculturile radicale occidentale, fiind încorporat în viața cotidiană a societăților «globalizate.» Din acest punct de vedere, deși radicalii sînt pesimiști atunci cînd vorbesc despre globalizare, nici nu-și dau seama cît de mult depinde de ea propriul lor stil cultural. Dacă globalizarea s-ar opri mîine, radicalii ar regreta-o, fără îndoială, cel mai tare.

Deși lista ar putea continua, aceste simptome sînt suficiente pentru a diagnostica sindromul cultural al «globalizării.» Ele nu ne pot însă ajuta să formulăm un tratament. Discursul critic despre globalizare este uneori prea partizan și – lucru de așteptat – radical ca să fie folositor. El ține cu tot dinadinsul să demonstreze că deculturarea prin fragmentare,

---

Cockburn și PBS Video. – *Inside the Cartel*, înregistrare video, PBS Video, Alexandria, 1990 ; William Gately și Yvette Fernández – *Dead Ringer : an Insider's Account of the Mob's Colombian Connection*, D.I. Fine, New York, 1994.

[229] Christopher Lasch – *The Culture of Narcissism : American Life in an Age of Diminishing Expectations, op. cit.*

[230] Alex Inkeles – *Exploring Individual Modernity*, Columbia University Press, New York, 1983.

nașterea noilor state paralele ori înecarea în mediocritate a culturii globale contemporane se datorează exclusiv « capitalismului. » Deși capitalismul este mai mult decît o economie, fiind o ordine socială și culturală (o formă de « hegemonie » culturală, dacă e să folosim un termen la modă, gramscian), radicalii susțin că pînă la urmă de vină sînt mecanismele pieței și ale individualismului economic (niciodată cel expresiv, cultural), care sapă la rădăcina culturii contemporane globale.

Soluția – liber acceptată ca utopică, și cu atît mai prețuită – este reformarea sistemului prin mutarea accentului în conducerea societății de pe criteriile economice pe cele cultural-estetice, întemeiate pe valori seculare (egalitarism, pacifism, cultivarea eului etc.). Este un tip de « socialism cu față umană. » Proiectul socialist propus presupune renunțarea la piață ca mecanism « cibernetic » ca regulator al activității microeconomice. Stînga moderată, *à la* Tony Blair, Schröder și Clinton, l-a respins însă, adevărații săi promotori fiind tinerii din *underground*-ul cultural și anarhiștii.

Critica, deși lipsită de un plan concret de acțiune, are destulă energie ca să nu dispară de azi pe mîine. Ea reflectă probleme reale și o îngrijorare sinceră. E oare posibil ca temele fragmentării și disipării culturale, ale domesticirii pieței să fie « cooptate » și integrate într-un dialog generalizat despre globalizare ? Cum s-ar putea realiza acest lucru ? Aici intervine « snoava » est-europeană de care vă spuneam.

Acum mai bine de un veac, înțelepții unui mic regat dunărean s-au luat la harță. Motivul gîlcevei din cafenelele Capitalei cunoscute în acea parte a lumii sub numele de Micul Paris era întrebarea : care e cea mai bună cale de reformă socială ? Țara fusese secole de-a rîndul controlată cînd de țar, cînd de sultan, ceea ce o trăsese înapoi și o ținuse în întunericul feudal. Ce cale trebuia să urmeze regatul ca să prospere ?

Cu o generație înainte de începutul marii dispute, o serie de tineri nobili începură să copieze instituții din Occident. Constituția era o replică a celei belgiene (în Micul Paris se spunea că era cea mai liberală Constituție a timpului), dreptul și Curțile urmau modelul francez, căile ferate fuseseră construite de austrieci, iar armata era modelată după cea germană și cea franceză.

După niște ani, fiii și nepoții reformatorilor au început să observe că, deși se făcuseră toate eforturile și nici un ban nu fusese cruțat, instituțiile locale lăsau de dorit, fie pentru că nu-și făceau treaba cum trebuie, fie pentru că erau împînzite de corupție. Legile, deși liberale, erau de multe ori nerespectate sau răstălmăcite, iar armata era prost instruită și înarmată. Gîlceava s-a pornit atunci cînd înțelepții au încercat să explice de unde veneau aceste hibe și cum puteau fi ele lecuite.

Un grup, care-și zicea « Tinerimea » – cuprinzînd mulți juni inteligenți atrași de farmecul trecutului și de trăinicia tradițiilor moștenite din bătrîni –, susținea că pricina suferințelor orînduirii lor venea din nepotrivirea straielor politice și legale cu trupul națiunii. Tinerii cereau croirea straielor după un nou model și adaptarea lor la loc și la tradiții. Și cereau acestea chiar dacă reforma ar fi putut duce la îngrădirea drepturilor celor mulți și la întărirea celor puțini.

Un alt grup, radical, condus și el de un tînăr înțelept, venit din țara muscalului, vedea lumea cu alți ochi. Fermecat de promisiunile unei noi științe a timpului, care pretindea să aibă leacuri nu numai pentru indivizi, ci și pentru societăți întregi, acest grup credea că, dimpotrivă, reforma și schimbarea nu trebuie să privească înapoi, ci înainte, că drepturile trebuie lărgite și corupția legilor și a instituțiilor se poate repara prin democratizarea, iar nu prin aristocratizarea lor.

Deși între cele două tabere pare să se caște o prăpastie, cei care studiază gîlceava cu atenție vor fi uimiți să descopere cît de asemănătoare erau analizele de la care porneau cele două programe de reformă. De fapt, ambele tabere observau aceleași probleme și aceleași dureri ; diferite erau doar metodele de tămăduire pe care le propuneau. Atît tinerimea, cît și radicalii reformatori acceptau ideea că prima reformă fusese parțială și, într-o anumită măsură, greșită. Erorile asupra cărora cădeau de acord izvorau din conflictul dintre « formele » sociale împrumutate și « fondul » social pe care fuseseră grefate. Nepotrivirea a cauzat « adaptarea » spontană a formelor la fond și denaturarea lor. Deosebirile apăreau îndată de se ajungea la soluții. În timp ce tinerimea...

Este evident că această snoavă vorbește despre junimiști și socialiști, despre disputa lor cu privire la al doilea val de modernizare a României. Pe similitudinea ideilor lor se întemeiază propunerea mea de mediere a discursului despre globalizare. Motivele sînt următoarele :

Pe la mijlocul anilor '70 politologul Daniel Chirot, specialist în studii românești, îl descoperea cu uimire pe unul dintre fondatorii mișcării social-democrate românești, Constantin Dobrogeanu-Gherea[231]. Mai mult, el vedea în Gherea unul dintre părinții teoriei dezvoltării globale a sistemului capitalist, teorie aflată în mare vogă în anii '70 și cunoscută atunci sub denumirea de « teoria dependenței ». Autorii marxiști ai acestei teorii, Immanuel Wallerstein ori Samir Amin, propuneau ca model de înțelegere a modernizării lumii neoccidentale ideea încorporării/exploatării periferiilor și semiperiferiilor lumii de către centrul occidental. Este ideea dezvoltării capitaliste prin « antrenare », nu prin autogenerare. Chirot, proaspăt absolvent al școlii dependenței, se concen-

---

[231] Daniel Chirot – « A Romanian prelude to contemporary debates about development », *op. cit.*

tra pe rădăcinile materialist-istorice ale analizei lui Gherea. El nu părea la fel de interesat – cel puțin în prima sa carte, publicată în 1976[232] – de importanța culturii, a etosului elitelor și a instituțiilor politice în modelarea modernizării românești, lucruri pe care punea accent Gherea în *Neoiobăgia*[233]. Chirot, căutând să demonstreze că înapoierea economică a României moderne era dictată de sistemul capitalist mondial, care avea un anume interes în exploatarea periferiilor lumii, nu explora îndeajuns analiza profundă a lui Gherea. Socialistul român punea în evidență rolul relativ independent al instituțiilor culturale în construcția societății românești moderne. Autorul american nu sublinia îndeajuns faptul că Gherea împrumutase ideile mișcării conservator-pozitiviste Junimea și le aplicase schemei marxiste.

Printre aceste idei se numără și faimoasa teorie a « formelor fără fond », care fusese dezvoltată de Titu Maiorescu în vederea clarificării criteriilor estetice necesare judecării literaturii române moderne[234]. Teoria pornea de la premisa că evaluarea unei opere literare trebuie să se facă la două niveluri : în primul rînd, ea trebuie să răspundă la normele cele mai exigente ale genului ; în al doilea rînd, trebuie să redea un autentic sentiment artistic. Acesta din urmă, deși văzut ca o realitate personală a creatorului, nu poate fi judecat în afara contextului său social, moral, și intelectual. Literatura română contemporană cu Maiorescu părea să încalce ambele criterii. Prea multe poeme, balade, nuvele pretindeau să capete un loc sub soare doar pentru că erau primele poeme, balade și nuvele moderne scrise în limba română.

---

[232] *Ibid.*
[233] Constantin Dobrogeanu-Gherea – *Opere*, vol. 4, *op. cit.*
[234] Titu Maiorescu – *Critice, op. cit.*

Criticul acuza, de asemenea, falsetul sentimental şi intelectual care răzbătea din aceste creaţii literare. Cu toate că păreau corecte din punct de vedere formal, conţinutul lor ideatic era adesea nenatural, cînd nu era prea pedestru. Cauza, credea Maiorescu, nu era doar lipsa de meşteşug artistic, ci şi lipsa unei adevărate educaţii sentimentale. Aceasta nu se putea însă rezuma la lucruri pe care autorul le citise din cărţi. Un poet nu putea fi romantic doar citind poezie romantică germană ori franceză. El devenea poet romantic numai atunci cînd era încercat de sentimente romantice. Or, acestea ţineau de viaţa sa fizică şi morală.

Maiorescu trăgea concluzia că valoarea operei nu stă doar în simpla ei referinţă formală la modelul (occidental) pe care îşi propune să-l adopte, ci trebuie să fie judecată din perspectiva adaptării acelui model la sensibilitatea, tematica şi empatia locală. Această concepţie nu era o formă de judecată estetică bazată pe teoria determinării sociale a literaturii, ci e o teorie genetică : literatura şi formele sale erau integrate şi evoluau într-un context social şi moral viu, pe care trebuiau să-l exprime sensibil. Teoria era apoi extinsă la alte instituţii sociale şi intelectuale – în lipsa unui termen mai bun, i s-a pus eticheta de «conservatoare.»

Studii mai atente arată însă că, atît la origini, cît şi în intenţii, teoria formelor fără fond era inspirată de şcoala liberală istorică germană şi de proiectul social evoluţionist, nu mai puţin liberal, al sociologiei spenceriene[235]. Această formă de «conservatorism», deşi (ori tocmai pentru că) ar fi aprobat instinctiv ideologia de *whig* a lui Edmund Burke, era în mod declarat pentru progres. Maiorescu voia însă să facă o distincţie între progresismul democrat-radical şi reformism.

---

[235] Z. Ornea – *Junimea şi junimismul, op. cit.*

Primul curent i se părea inspirat de mișcările de la 1848, care porneau de la premisa că statul, cultura, societatea sînt convenții contractuale, generate de un set de legi «bune», impuse prin revoluție ; cel de-al doilea era, în opinia sa, o reacție față de primul, progresul fiind orientat în acest caz spre asigurarea unei cît mai bune integrări a noilor instituții sociale și culturale în țesătura organică a societății românești.

În fapt, Maiorescu și colegii săi erau, probabil, mult mai aproape de liberalismul profesat de Tocqueville decît de conservatorismul clasic european. Ca și Tocqueville, ei vedeau limitele statului în organizarea modernității. Degeaba importăm instituții occidentale (legi, Parlament, judecători) – spunea Maiorescu –, dacă lipsesc suporții sociali și, mai ales, culturali (în accepțiunea cea mai largă a termenului) ai unei adevărate societăți civile.[236]

Dobrogeanu-Gherea, ceva mai tînăr decît Maiorescu, a împrumutat schema de gîndire a acestuia pentru a explica, la rîndul său, cum mima societatea românească formele capitalismului economic și social, și cum elitele sale, burgheze numai de fațadă, împiedicau dezvoltarea unui stat modern, industrial. Critica sa avea un scop 100 % socialist, dar în mijloace era foarte aproape de reformismul «conservator». Gherea dorea să vadă România eliberată din strînsoarea birocrației sociale, neproductive, în care elita aristocratică română se transferase parțial după lichidarea domniilor tradiționale la 1859. Credea, de asemenea, că, dînd frîu liber dezvoltării capitaliste, partidul socialist și ideologia sa vor avea numai de cîștigat, atît din pricina creșterii numerice a proletariatului, cît și de pe urma dezvoltării economice generale a socie-

---

[236] Vezi și eseurile despre Gherea și despre intelectuali ca leac pentru boala «formelor fără fond» din acest volum.

tății[237]. Bineînțeles, nu burghezia – care încă nu exista – era « frîul », ci aristocrația birocratică.

În fond, el dorea industrializarea masivă, chiar capitalistă a micului regat balcanic, pentru că numai așa clasa pe care credea că o reprezintă – muncitorimea industrială – ar fi putut avea un cuvînt de spus în politica și în societatea românească. Gherea, folosind ideologia colegilor săi « conservatori », punea piatra de temelie a unui dialog românesc despre globalizare și modernizare. El refuza atît opțiunea narodnicistă rusă – un lucru cu atît mai remarcabil, cu cît el însuși era un emigrant evreu din Rusia, educat politic în tradiția narodnică –, cît și utopia bolșevică[238]. Importanța ideilor lui Gherea, chiar dacă ele nu sînt foarte originale, constă în aceea că, în loc să propună o soluție utopică ori revoluționară, care ar fi produs un dezastru în țara sa de adopție, au contribuit la întărirea consensului ideologic românesc. Ideile sale au fost o punte pentru celelalte școli de gîndire românești, întemeind marea coaliție socială care a permis atît Unirea românilor la 1918, cît și reforma agrară contemporană ei.

Deși gîlceava înțelepților dunăreni are un fel de *happy-end*, istoria, în viclenia sa, a avut grijă să tulbure acest peisaj idilic după cel de-al doilea război mondial. Cititorii poveștii pot, pe bună dreptate, să adauge că nici concordia intelectuală ro-

---

[237] Vezi manifestul « Ce vor socialiștii români ? » în Constantin Dobrogeanu-Gherea – *Opere*, vol. 2, *op. cit.*

[238] Reacția lui Gherea la revoluția rusă – antologică – a provocat un val de indignare în mișcarea socialistă. La întrebarea care i-a fost pusă în 1919 de ziarul socialist *Lumea Nouă* dacă a venit momentul revoluției mondiale, Gherea răspundea enigmatic : « Să organizezi în mod socialist foametea și sărăcia lucie ? » *Ibid.*, vol. 5, p. 296.

mânească antebelică nu a fost perfectă și nici nu s-a tradus în vreun consens social sau ideologic. Într-adevăr, România interbelică n-a fost un rai în care mieii socialiști se îmbrățișau cu leii burghezi[239]. Dar e important de menționat că dialogul dintre înțelepți a reușit să genereze idei și teorii care au menținut, atît cît s-a putut, stabilitatea socială și culturală românească într-o perioadă foarte frămîntată. Regatul dunărean a fost distrus de proiectul radical leninist[240], nu de viața economică românească, socială sau culturală anterioară lui[241].

Învățătura pe care o putem trage din povestea noastră pentru disputa despre globalizare este la fel de simplă și de modestă ca și aceea care merită desprinsă pentru România. Dialogul intelectual este posibil. Trebuie să fie posibil. El trebuie să existe, în pofida aprigelor lupte ideologice și înfruntări politice. Dezbaterea despre globalizare e datoare să descopere un proiect social și cultural pozitiv, în jurul căruia să se înjghebe un dialog cultural. Cele două tabere trebuie să cadă de acord asupra unui vocabular de idei comun care să descrie problemele noii societăți globale. Termenii acestuia trebuie cel puțin discutați, dacă nu acceptați. În esență, avem nevoie de un univers de discuție comun, asemănător cu acela al formelor fără fond

---

[239] Cristian Preda – *Tranziție, liberalism și națiune, op. cit.*

[240] Dan Petrescu – *În răspăr*, Editura Nemira, București, 2000, pp. 59-61.

[241] Daniel Chirot – *Social Change in a Peripheral Society : the Creation of a Balkan Colony*, Academic Press, New York, 1976 ; Kenneth Jowitt – *The Leninist Response to National Dependency*, Institute of International Studies, University of California, Berkeley, 1978 ; Kenneth Jowitt – *Revolutionary Breakthroughs and National Development ; the Case of Romania, 1944-1965*, University of California Press, Berkeley, 1971.

și al rolului intelectualilor în societate propus atît de junimiști, cît și de socialiști în România sfîrșitului de secol XIX.

Această apropiere trebuie să fie însă mai mult decît un exer-cițiu retoric. E necesar un efort pentru a găsi termeni-cheie, care preocupă întregul spectru intelectual și politic. Eu unul aș propune, cu titlu provizoriu și demonstrativ, conceptele de : raționalizare, socializare tehnologică, individualism expresiv și comunitate morală. Fiecare dintre ele descrie probleme care preocupă lumea contemporană, indiferent de orientarea so-cială și politică. Mai mult, ele acoperă dileme zilnice, legate de rolul crescînd a trei forțe importante în structurarea vieții publice și private a lumii de azi : economia, tehnologia și cul-tura de masă. Acceptarea acestor concepte-cheie comune tre-buie să se facă printr-un compromis între tabere ; în unele situații, stînga, în altele, dreapta vor fi nevoite să admită că adversarii lor au mai multă dreptate.[242]

Să analizăm puțin aceste concepte, începînd cu raționa-lizarea. Atît stînga, cît și dreapta, îndeosebi cea de sorginte conservatoare (de genul creștin-democrației ori al așa-zisului « fundamentalism » religios occidental), sînt nemulțumite de rolul crescînd al pieței și al economiei în reglementarea și structurarea relațiilor sociale. Ambele grupuri sînt îngrijorate de tendința de a trata toate problemele sociale din perspec-tiva unui utilitarism definit în chip prea îngust. Ele se despart însă atunci cînd trebuie să explice originile acestui utilita-rism. Stînga politică crede că acesta este chiar produsul « ca-pitalismului » și al pieței[243], în vreme ce dreapta crede că este re-

---

[242] Anthony Giddens – *Beyond Left and Right. The Future of Ra-dical Politics*, Polity Press, Cambridge, 1994.

[243] Benjamin Barber – *Strong Democracy. Participatory Politics for a New Age*, University of California Press, Berkeley, 1984.

zultatul secularizării vieții sociale, care nu-i lasă omului decît nevoi materiale și pofta de cîștig economic[244]. În această dispută, stînga ar trebui să conceadă că în spatele economismului și materialismului se află mai mult decît piața. N-ar fi aici decît un reflex al dorinței de a simplifica și de a « domestici » problemele lumii moderne, raționalizîndu-le. Un mod economic de gîndire urmează procesului de raționalizare, nu viceversa. Stînga ar trebui, de altfel, să se întoarcă la revoluția anilor '60, cînd principalul său atac se îndrepta nu împotriva capitalismului, ci a « sistemului », înțeles ca o sumă de birocrații, publice sau private.

Cel de-al doilea termen central al lumii globalizate este acela de socializare tehnologică. Tehnologia, mai ales cea a comunicării, domină din ce în ce mai mult interacțiunile umane[245]. Grupurile sociale au ajuns să fie adesea definite de contacte me-

---

[244] Irving Kristol – *Neoconservatism. The Autobiography of an Idea*, *op. cit.*

[245] Craig Calhoun – « Community without propinquity revisited : Communications technology and the transformation of the urban public sphere », *Sociological Inquiry*, 68, nr. 3, 1998 ; Sorin Matei – « The Internet as magnifying glass : marital status and on-line social ties », *The Public*, 10, nr. 1, 2003 ; Sorin Matei – « The magnifying glass effect. Negotiating individualism and community on the Internet » (teza de doctorat), University of Southern California, 2001 ; Sorin Matei și Sandra Ball-Rokeach – « Real and virtual social ties : Connections in the everyday lives of seven ethnic neighborhoods », *American Behavioral Scientist*, 45, nr. 3, 2001 ; Howard Rheingold – *Smart Mobs : the Next Social Revolution*, Perseus Publishing, Cambridge, 2002 ; Barry Wellman – « Physical place and cyber place : the rise of personalized networks », *International Journal of Urban and Regional Research*, 25, nr. 2, 2001 ; Barry Wellman și Milena Gulia – « Net surfers don't ride alone : virtual communities as communities » *in Networks in the global village* (ed. Barry Wellman), Westview Press, Boulder, 1999.

153

diate tehnologic. Este vorba aici nu numai de macrogrupuri precum națiunile sau civilizațiile, prin tradiție modelate și chiar inventate – cred unii – de presa tipărită sau de televiziune. E vorba și de grupurile cele mai intime, cele mai apropiate de sau chiar inserate sub coaja de sociabiliate personală a fiecăruia dintre noi : grupuri de prieteni sau lumea familială.

E-mail-ul, telefoanele celulare ori paginile de Web fac posibilă menținerea relațiilor sociale între membrii familiei sau în sînul unui grup de prieteni, în ciuda dispersării sociale provocate de mobilitatea noii lumii globale. În acest cîmp de discuții, stînga a pus cele mai pertinente întrebări. Deși unii radicali sînt bucuroși să primească un oaspete sociologic, sperînd că relațiile sociale tehnomediate vor egaliza interacțiunile sociale în general (pentru că, așa cum spunea o caricatură din *New Yorker*, pe Internet nimeni nu știe dacă ești « adevărat » sau nu, dacă ești un cîine care apasă pe tastatură sau stăpînul patrupedului care pierde vremea), mulți alții privesc cu suspiciune promisiunile sociale ale Internetului. Punînd sub semnul întrebării capacitatea tehnologiei de a ne uni, dar și de a altera naturalețea relațiilor intime prin eliminarea responsabilității și a seriozității ce se cer în mod obișnuit în interacțiunile directe, stînga ar vrea să vadă relațiile sociale tehno-mediate reduse, investigate sau chiar puse sub controlul lumii « reale ».[246] Dreapta conservatoare nu are prea

---

[246] Benjamin Barber – « The new telecommunications technology : endless frontier of the end of democracy ? », *Constellations*, 4, nr. 2, 1997 ; Richard Barbrook și Andy Cameron – *The Californian Ideology*, *op. cit.* ; Kevin Robins – « Foreclosing on the city ? The bad idea of virtual urbanism », *in Technocities* (ed. John Downey și Jim McGuigan), Sage, Londra, 1999 ; Mark Slouka – *War of the Worlds : Cyberspace and the High-Tech Assault on Reality*, Basic Books, New York, 1995.

multe de spus în aceasta privință, fiind mai degrabă « agnos-tică ». Ea ar trebui, cu siguranță, să fie mai atentă decît pînă acum la dilemele tehnologiei.

În fine, individualismul s-ar impune ca subiect de medi-tație comun celor preocupați de direcția în care merge globa-lizarea. Dacă acceptăm că globalizarea este o prelungire a modernității (Giddens spunea : o modernitate tîrzie), atunci nu putem să nu recunoaștem că etosul său social va accen-tua rolul individului autonom, chiar glorificarea lui, moder-nitatea fiind, în fond, strigătul de revoltă al individualismului împotriva colectivismului tradiționalist.[247]

Lumea modern-globală este o lume a individului văzut ca o operă de artă, a individului cuceritor al experiențelor sociale și estetice extreme, al dorințelor, chiar aberante, satis-făcute și al convențiilor încălcate. Este individul glorificat de MTV și hip-hop, « autentic » în respingerea normelor sociale și a « politețurilor » de orice fel, care își face propriile reguli și explorează limitele posibilului în sporturile extreme și în activismul politic în locuri exotice precum Tibetul, Chiapas sau Irakul lui Saddam Hussein (vezi exemplul « scuturilor umane » de dinaintea celui de-al doilea război din Golf). Re-belul *underground*, autor de colaje din forme culturale abia trecute, o ființă care nu mai are imaginație, ci doar o încăr-cată memorie culturală, din a cărei respingere își face prin-cipala îndeletnicire postmodernă, a devenit un fenomen mon-dial, ajungînd pînă în cele mai nebănuite cotloane. Îl găsim

---

[247] Robert N. Bellah *et al.* – *Habits of the Heart. Individualism and Commitment in American Life, op. cit.* ; Marshall Berman – *All That Is Solid Melts into Air : the Experience of Modernity*, Simon and Schuster, New York, 1982 ; Christopher Lasch – *The Culture of Narcissism : Ame-rican Life in an Age of Diminishing Expectations, op. cit.*

şi în România, ba chiar şi în Republica Moldova, unde imaginile exemplare care fascinează adolescenţii sînt DJ-ii hiphop aborigeni şi hard-rock-erii alternativi de genul Zdob şi Zdup. Aceştia sînt modelaţi direct de lumea din «beciurile» subconştientului hiperindividualist şi anomic ilustrat în America de rap sau de formaţii cum ar fi «System of a Down» sau «Rage against the Machine».

Acest tip de individualism seacă energiile comunităţilor noastre teritoriale, instituţionale şi familiale, pentru că nu-i recunoaşte nimănui dreptul de a-i impune limite. El este moştenitorul direct al anarhismului pur şi dur – aşa cum l-a visat Max Stirner – în care eul şi sinele sînt realităţile ultime. Participarea la acţiuni colective care să ducă la reforme devine problematică pentru că ţelul acestui individualism este, în fond, revoluţionar, vrînd totul sau nimic. Revoluţia, la rîndul ei, este profundă, căci pune în discuţie instituţii de adîncime, inclusiv familia, care este văzută ca un obstacol în realizarea individului. Aici stînga trebuie să admită că a fost prea îngăduitoare cu membrii ei cei mai radicali, care, îmbrăţişînd acest individualism, i-au slăbit puterea de a susţine şi revigora comunităţile locale şi familiile, ceea ce a dus indirect la anomie şi la fenomenele ei secundare (criminalitate şi insensibilitate morală).

În sfîrşit, al patrulea concept-cheie care trebuie să ne preocupe în pragul acestei lumi globalizate este cel de comunitate morală. Individualizarea etosului social global este distructivă numai atunci cînd este dusă la ultimele sale consecinţe. La origini, ea face parte din procesul de modernizare a relaţiilor sociale, care a eliberat o bună parte a umanităţii din robia castelor feudale şi a bigotismului generat de izolarea culturală şi geografică.[248] Conştiinţa că fiecare ins e valoros

---

[248] Robert Wuthnow – *The Consciousness Reformation, op. cit.* ; Robert Wuthnow – *Loose Connections : Joining Together in America's Frag-*

în felul său, atîta timp cît este circumscrisă unui proiect comun, îi dă fiecăruia dreptul de a se realiza atît cît îi permite potențialul și cît nu-i deranjează pe ceilalți membri ai comunității. Individualizarea poate fi deci primită și chiar încurajată, dacă limitele ce i se impun descriu un proiect moral comun. Or, în momentul de față, acest proiect este doar un deziderat, pentru că, după ce în primele etape ale modernizării a fost sprijinit de idealul egalității evanghelice protestante, el a sucombat secularismului secolelor XIX și XX. Lumea individualistă modernă timpurie a reușit să impună un ideal de egalitate care a dărîmat prejudecățile feudale – precum ideea că nobilii și țăranii sînt două specii umane diferite –, pentru că acest ideal a susținut că «toți oamenii sînt creați egali» de un Dumnezeu făcut accesibil omului de rînd de doctrinele lui Luther și Calvin. Succesul acestui proiect, limitat la lumea creștină protestantă, a devenit însă îndoielnic atunci cînd, în vîrtejul revoluției științifice, Dumnezeu a fost uitat ca sursă a individualității și egalității. Mai mult, chiar în sînul comunității protestante, mai ales în America, proiectul a fost pus la îndoială atunci cînd o parte din membrii săi au fost excluși (sclavii negri sau femeile).

Odată cu revoluția științifică și cu relativismul momentului 1900, comunitatea morală creștină a încetat să mai ofere un model de solidaritate socială, dînd frîu liber individualismului. Alte tipuri de comunitate morală, laice, cum ar fi socialismul sau diversele feluri de radicalisme politice (de la iacobinism la ceea ce azi se numește «noul umanism ateu»), nu au avut mai mult succes în a fixa limitele solidarității sociale. În prezent, în locul unei solidarități morale universale,

---

mented Communities, op. cit. ; Robert Wuthnow – *Sharing the Journey : Support Groups and America's New Quest for Community*, Free Press, New York, Toronto, 1994.

157

lumea se sprijină pe un amestec de contractualism-legalistic în interiorul națiunilor și « strămoșești » practici politice, moștenite direct de la Machiavelli, în relațiile dintre națiuni. În timp ce contractualismul are dinții slabi în interiorul națiunilor, lăsînd indivizii din ce în cei mai liberi și mai lipsiți de responsabilități (declinul familiei și creșterea infracționalității în Vest fiind semnele sale cele mai evidente), la nivel internațional, real-politika revine în forță, întorcîndu-ne la lumea de dinainte de 1918. Așa s-au petrecut lucrurile în cazul celui de-al doilea război din Golf, care, deși a fost justificat de o serie de tradiționale considerente strategice și de echilibru al puterilor, a fost înveșmîntat în false haine « morale ».[249]

În refacerea unui proiect de comunitate morală, ambele tabere – stînga și dreapta – trebuie să opereze concesii și să propună valori și idei noi, pentru că ambele tabere au eșuat în

---

[249] Cel de-al doilea război din Golf a avut două scopuri, ambele « realiste » și « machiavelice ». Primul a fost acela de a retrage trupele americane din Arabia Saudită, care fuseseră menținute acolo pentru a-l ține pe Saddam în șah. Această retragere era necesară pentru a dezamorsa cel mai important cap de acuzare al lui Osama Bin Laden împotriva Americii : prezența trupelor Statelor Unite pe pămîntul sfînt al musulmanilor, un fapt ce contravenea Coranului. Dar atîta timp cît Saddam era la putere, retragerea era imposibilă. Trupele americane au fost retrase din Arabia Saudită în vara lui 2003, imediat după război. Cel de-al doilea scop a fost acela de a transmite un mesaj întregii lumi arabe care sprijinea insurecția fără sfîrșit din Palestina : cu America și cu Israelul nu se poate discuta de pe poziții de forță. Eliminînd Irakul ca punct de convergență arabă împotriva Vestului în chestiunea palestiniană, America transmite mesajul atît Siriei, cît și Iranului – ultimii partizani ai soluției de forță – că toți cei care continuă rezistența vor fi zdrobiți. Discuțiile despre armele nucleare și biologice ale lui Saddam sînt, din această perspectivă, secundare și, în lumina faptului că nu au fost găsite, jenante.

a-și impune propriul lor set de valori în structurarea unei comunități morale universale. Aceste compromisuri pot porni de la instituțiile și documentele pe care le avem deja, cum ar fi «Declarația drepturilor omului», dar ele trebuie întărite cu un set de valori la care toți putem și trebuie să subscriem.

În concluzie, discutarea acestor termeni și găsirea unor punți transideologice sînt esențiale pentru salvarea proiectului globalizării, văzut ca un proiect al perfecționării lumii în care trăim. Păstrînd proporțiile și rămînînd în atmosfera de farmec mitic a snoavei danubiene de mai sus, merită să repetăm că dialogul intelectual este esențial în stabilizarea socială. Modelul de dezbatere deschisă dintre Gherea și colegii săi juni-miști − o dezbatere ce folosește termeni comuni − arată că ideile pot avea consecințe. Să sperăm că un dialog similar la nivel global, odată început, poate duce la o meditație mai serioasă asupra distanțelor ce ne separă și asupra căilor probabile de a le micșora.

Pătrășcanu :
un marxist
stalinist

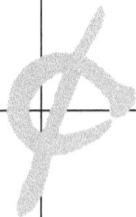

Cu toate că, pentru mulți, Lucrețiu Pătrășcanu, executat de regimul comunist în anii '50, a fost modelul intelectualului marxist onest și un contramodel pentru dogmatismul intelectual al epocii comuniste, o analiză mai atentă a operei sale ne revelă un marxist de inspirație stalinistă. Pentru unii, încadrarea lui Pătrășcanu în categoria marxiștilor staliniști ar putea părea exagerată, dacă ar fi să-l comparăm cu alți staliniști, mult mai celebri și mai violenți, cum ar fi Mihai Roller. Ea este însă justificată și relevantă dacă o abordăm din punct de vedere strict intelectual. Motivul este simplu. Marxismul și socialismul au un rol important de jucat în istoria intelectuală românească, fie și numai pentru că România postcomunistă a fost condusă în principal de partide care se reclamă de la această tradiție intelectuală. Cu toate că aceste partide, preocupate de ideile stîngii europene din motive de legitimitate europeană, nu se uită încă intelectual înapoi, cu siguranță o vor face la un moment dat. Și chiar dacă nu au multă zestre în cufăr, cîteva moșteniri de familie tot se pot găsi. Una dintre ele este opera lui Pătrășcanu. Caracterul și conținutul ei au trecut relativ neobservate, accentul căzînd pe martirajul politic al autorului, care îi acoperă

opera cu o umbră diafană de respect[250], dar ele ar putea fi cu
uşurinţă « reconsiderate ». Deşi putem spera că istoricii de
azi, dar mai ales cei viitori vor pune punctul pe i în această
privinţă, merită să repetăm anumite lucruri despre ideile
lui Pătrăşcanu, în speranţa că ele ne vor ajuta să înţelegem
unele din greşelile trecutului şi poate cîteva din cele ale
viitorului.

Să începem cu cîteva cuvinte despre natura şi principiile
stalinismului care îl inspiră pe Pătrăşcanu. Concepţia teore-
tică a stalinismului despre istorie şi societate a fost codificată
în 1938 de Iosif Vissarionovici Stalin, în capitolul al V-lea al
*Istoriei partidului comunist (bolşevic) al Uniunii Sovietice – cursul
scurt*, « Despre materialismul dialectic şi istoric »[251]. Acest text
al temutului dictator de la Kremlin a circulat preţ de aproape
douăzeci de ani ca un mic catehism al adevăratului marxist.
Varianta de marxism expusă în « Despre materialismul dia-
lectic şi istoric » a devenit astfel fundamentul normativ al
(re)scrierii istoriei în ţările cu regimuri marxiste.

---

[250] Lavinia Betea – *Lucreţiu Pătrăşcanu : moartea unui lider comunist,
studiu de caz*, Editura Humanitas, Bucureşti, 2001 ; Florin Constan-
tiniu – *PCR, Pătrăşcanu şi Transilvania : 1945-1946*, Editura Enci-
clopedică, Bucureşti, 2001 ; Andrei Şerbulescu şi G. Brătescu – *Actor
în procesul Pătrăşcanu : prima versiune a memoriilor lui Belu Zilber*, Edi-
tura Humanitas, Bucureşti, 1997 ; Nicolae Henegariu şi Mihai Giu-
gariu – *Principiul bumerangului : documente ale procesului Lucreţiu Pătrăş-
canu*, Editura Vremea, Bucureşti, 1996 ; Grigore Răduica – *Crime în
lupta pentru putere, 1966-1968 : ancheta cazului Pătrăşcanu*, Editura
Evenimentul Românesc, Bucureşti, 1999 ; Anton Raţiu – *Cumplita
odisee a grupului Lucreţiu Pătrăşcanu : adevăruri dureroase*, Editura Ges-
tiunea, Bucureşti, 1996.
[251] Iosif Vissarionovici Stalin – *Materialismul dialectic şi istoric*, Edi-
tura PRM, Bucureşti, 1951.

Ideea care străbate demonstrația lui Stalin este că totul se află în «stăpînirea unei determinări obiective», decurgînd dintr-o logică implicită a istoriei. Pe scurt, în spiritul hegelianismului dogmatic, «tot ceea ce este real este necesar». «Istoria societății» este gradul maxim de suprapunere a necesității peste realitate. Această istorie este o dezvoltare uniform accelerată, reglementată de legi asemănătoare celor care conduc lumea inanimată. Tot așa cum înlănțuirea dintre fenomenele naturii și condiționarea lor reciprocă sînt văzute prin prisma unor legi necesare ale dezvoltării naturii, și viața socială este produsul unor «legi necesare», ce trebuie studiate de o știință anume, socialismul științific[252]. În această mișcare ordonată către un țel dat, istoria omenească trebuie, indiferent de societate și de condiții, să treacă prin cinci etape, cu tot atîtea moduri de viață și de producție. Acestea, legate organic, se nasc unele din altele, într-un perfect arbore genealogic : comuna primitivă generează orînduirea sclavagistă, care zămislește orînduirea feudală, mama orînduirii capitaliste și bunica socialismului.

Trecerea de la un tip de societate la altul are loc în mod obligatoriu și se face prin dezvoltarea interioară a forțelor și relațiilor de producție. În plus, atunci cînd o societate «a răspuns» la o anumită problemă sau a declarat public că a făcut-o, înseamnă că acea problemă a existat și și-a cerut răspunsul. Această modalitate de a gîndi în cercuri logice vicioase îi era necesară lui Stalin pentru a demonstra «necesitatea» apariției comunismului într-o țară subdezvoltată cum era Rusia țaristă.

În plus, modelul teoretic se suprapune absolut și oriunde peste realitatea empirică. Orice societate locală este copia socie-

---

[252] *Ibid.*

tății generice umane, iar munca sociologului și a istoricului constă în a identifica momentul în care se află aceasta, pornind de la schema sintetizată de Stalin din scrierile lui Marx și Engels.[253]

Motorul mișcării sociale este acumularea modificărilor în forțele de producție, care împing în față noi clase productive, generatoare de progres. La un moment dat, noile clase conducătoare vor intra în conflict cu cele reprezentînd pozițiile avantajoase din fostul mod de producție, cu interese investite în relațiile de producție dominante. Această logică materializează afirmația lui Marx din *Manifestul Partidului Comunist*, dusă la paroxism în stalinism, conform căreia « istoria societății este istoria luptei de clasă ».

Motivația acțiunii claselor prinse în procesul înrobitor al producției este interesul material. Acest interes este raționalizat în societate prin norme juridice și construcții ideologice, care, în calitate de false conștiințe, servesc nu descrierii realității sociale, ci justificării și întăririi poziției pe care o are o clasă definită economic într-o societate sau alta.

Stalinismul nu este un marxism complet și nici unul dus la ultimele sale consecințe. El se debarasează de toate excres-

---

[253] Trebuie să remarcăm aici că socialiști români ne-staliniști, cum ar fi Gherea, fac o distincție clară între « societate » și « o societate » – o contribuție originală la gîndirea marxistă, după cum remarca și Henri H. Stahl, în *Gînditori și curente de istorie socială românească* (e-book-pagină de Web), Universitatea din București, 2002 (citat la 15 octombrie 2003), disponibil la http://www.unibuc.ro/eBooks/Sociologie/henri/index.htm. Vezi și eseul despre Gherea din acest volum, în care arăt cum socialismul clasic românesc discută despre « societate » și « mod de producție » ca entități abstracte, ca idei conducătoare, și nu ca imagini ale realității imediate.

cențele teoretice ale marxismului − cum ar fi celebrul «mod de producție asiatic» −, anihilează toate aproximările tîrzii ale lui Engels despre determinarea «în ultimă instanță» a suprastructurii de către baza materială a societății și, mai ales, exploatează nemilos și cinic credința profetică a lui Marx în misiunea proletariatului în folosul unui partid de revoluționari de profesie. Marea slăbiciune a lui Marx, voința de a fi profet în propria sa țară, este transformată într-o teorie a sensului istoriei, în care venirea vremurilor celor drepți îi îndreptățește pe cei care «au înțeles» istoria să facă orice pentru a o grăbi, pentru a o «înfăptui».

Care este apoteoza acestui raționament? Activitatea practică a partidului proletariatului trebuie să se bazeze nu pe cerințele «rațiunii», ale «moralei universale» etc., ci pe legile dezvoltării sociale. Acest mod de gîndire ne aduce înapoi la ideea că o logică dată în lume determină obiectiv faptele istorice. În plus, celui care pretinde că acționează în numele ei i se acordă binecuvîntarea transcendenței în toate actele sale, oricît de inumane ar fi acestea.

Cum se raportează opera istorică a lui Pătrășcanu la acest model? El se află chiar în centrul modelului și de aceea istoricul comunist trebuie calificat drept stalinist intelectual. Publicul român, care l-a descoperit pe Pătrășcanu la sfîrșitul anilor '60, după reabilitarea sa de către Ceaușescu, va fi șocat să-l vadă așezat în panteonul stalinismului teoretic[254]. După obiceiul său, publicul a fost mult mai atent la interpretarea pe care momentul Pătrășcanu a căpătat-o în lumina timpului decît la conținutul teoretic al operelor.

---

[254] Lucrețiu Pătrășcanu și Institutul de Studii Istorice și Social-Politice de pe lîngă CC al PCR − *Texte social-politice, 1921-1938*, Editura Politică, București, 1975.

Opera de analiză teoretică a lui Pătrășcanu – atît în *Un veac de frămîntări sociale*[255], cît și în *Probleme de bază ale României*[256] – este impregnată de spiritul stalinismului polemic, agresiv, așa cum l-am descris mai sus. Și nici nu e de mirare. Să nu uităm că Pătrășcanu, înainte de a fi dușmanul personal al lui Gheorghiu-Dej și « patriotul » de la Cluj[257], cum a lăsat să se înțeleagă legenda ceaușistă, a fost un activist central al partidului comunist, direct implicat în lovitura de stat de la 23 august și în negocierile care au dus la armistițiul cu Rusia.

Mîna grea a activistului se vede direct în *Un veac de frămîntări sociale*. Cel mai important reflex al stalinismului este strădania de a demonstra că modernizarea principatelor danubiene în secolul al XIX-lea este rezultatul aproape exclusiv al evoluției economice interne a feudalismului local. Această evoluție ar fi împins societatea românească spre o nouă modalitate de producție, capitalistă, și, în consecință, spre instituții burgheze : « Normala și organica desfășurare în viața poporului român a acestui proces economic a determinat continuitatea tuturor fenomenelor sociale în ultimul secol[258]. »

Analist ceva mai subtil decît alți susținători ai poziției staliniste, cum ar fi un Roller, Pătrășcanu încearcă să introducă o atenuare a necesității trecerii de la feudalism la capitalism în România, recunoscînd că această transformare nu a avut loc

[255] Lucrețiu Pătrășcanu – *Un veac de frămîntări sociale : 1821-1907*, Editura Politică, București, 1969.

[256] Lucrețiu Pătrășcanu – *Probleme de bază ale României*, Editura de Stat, București, 1946.

[257] Florin Constantiniu – *P.C.R., Pătrășcanu și Transilvania : 1945-1946, op. cit.*

[258] Lucrețiu Pătrășcanu – *Un veac de frămîntări sociale : 1821-1907*, p. 6, *op. cit.*

lin, fără discontinuităţi. Venind foarte repede, din cauza accelerării mersului istoriei, trecerea a împins mai întîi economia şi societatea românească danubiană într-o formă « iobagistă » de exploatare, în care o economie de piaţă exploatează o muncă aservită. Acest proces ar fi fost determinat de introducerea principatelor în cercul larg al economiei capitaliste europene încă din prima jumătate a secolului al XVIII-lea. Pe scurt, el crede că, la o dată foarte timpurie, respectiv 1829, procesul de « dizolvare al feudalismului » şi apariţia capitalismului trecuseră prin fazele preliminare. Libertatea comerţului, acordată principatelor române în 1829 prin tratatul de la Adrianopol, n-a făcut decît să accelereze transformarea economică şi socială începută încă din veacul fanariot, economia « de marfă » fiind deja înaintată în jurul lui 1830.

Un fenomen specific economiei de marfă, pe care Pătrăşcanu îl « detectează » în Ţările Române, este ceea ce el numeşte creşterea vertiginoasă a muncii pe piaţa seniorială[259]. Mergînd pe urmele lui Radu Rosetti, pe care îl « adaptează » la demonstraţia proprie[260], Pătrăşcanu crede că în secolul al XVIII-lea a crescut producţia de cereale pentru export pentru că, la 1766, Grigorie Ghica Vodă a mărit numărul de zile de clacă pe an de la 3 la 24-30 de zile lucrătoare.[261] Zilele de

---

[259] *Ibid.*, pp. 14-20.

[260] Radu Rosetti – *Pentru ce s-au răsculat ţăranii*, Editura Eminescu, Bucureşti, 1987.

[261] Pătrăşcanu foloseşte şi alte exemple, cum ar fi reglementările lui Mavrocordat din 1748, care stabilesc 12 zile de clacă în Moldova şi o serie de măriri ale normelor, mai tîrzii, care aduc zilele reale de muncă la 40-60 în anii 1830, odată cu stabilizarea lor juridică în Regulamentul Organic. Vezi Lucreţiu Pătrăşcanu – *Un veac de frămîntări sociale : 1821-1907, op. cit.*

clacă, se știe, erau zile de muncă pe care țăranul lipsit de pă-
mînt trebuia să le facă pe partea de moșie a boierului local,
numită « rezerva seniorială », iar în schimbul clăcii, țăranul pri-
mea de la boier în folosință o parcelă ale cărei roade le putea
păstra. O creștere de zile de muncă pe rezerva seniorială ar
fi, spune Pătrășcanu, un indiciu că boierii dunăreni exploa-
tau mai intens moșiile – se presupune – pentru export[262].

Rosetti explică însă că creșterea statutară de zile de muncă,
cel puțin pînă la 1805, nu reflecta nevoia efectivă de forță de
muncă[263]. În fapt, jumătate din aceste zile erau răscumpărate
de țărani în bani gheață. O făceau nu din lene, ci pentru sim-
plul motiv că boierii o cereau. Aceștia, în plin regim fanariot,
erau înglodați în datorii fie pentru cumpărarea de favoruri,
fie pentru menținera dregătoriei, ocupate « viager ». În loc
de capitalism incipient, monetizarea economiei românești era
un semn de înnoit feudalism oriental, cu aspecte mercantiliste.

Deși exploatarea moșiilor se va intensifica mai tîrziu, tra-
ducînd creșterea producției la export, ea va avea loc abia *după*
stabilizarea situației politice și economice, prin intervenția
decisivă a Rusiei, care, înlăturînd pentru o vreme războaiele
de pe teritoriul noastru, devine o promotoare a progresului
economic în Țările Române. Rosetti explică în cifre cum a
avut loc acest proces[264]. Anul 1840 este un moment-cheie : la
această dată aproximativă, mai precis în jurul ei, principatele
intră în lumea capitalistă. Cu doar cîțiva ani înainte de 1840
(între 1834 și 1840), proporția de moșie pusă în cultură de
boieri – așa-zisa « rezervă seniorială » – crește, dar acest cîștig
în suprafață se obține prin defrișări și prin introducerea în cir-

---

[262] *Ibid.*
[263] Radu Rosetti – *Pentru ce s-au răsculat țăranii, op. cit.*
[264] *Ibid.*

cuit a unor noi terenuri agricole, iar nu în defavoarea tere-
nurilor date în folosință țăranilor. De fapt, în această perioadă,
toate tipurile de teren cultivat cresc într-o oarecare măsură –
atît cele aflate la dispoziția boierului, cît și cele de care bene-
ficiază țăranii. Adevărata decolare către un nou tip de exploa-
tare poate fi înregistrată însă abia *după* 1840. Între 1840 și 1846,
suprafața totală a semănăturilor crește cu 30 %, dar cele făcute
pe rezerva senioriala cresc cu 65 %, în timp ce suprafețele
țărănești se măresc cu numai 7 %[265]. Procesul economic cu
valențe capitaliste devine evident, dar este prea aproape de
anul 1848 ca să explice evenimentele «primăverii popoarelor»
în mod cauzal. «Capitalismul» agrar românesc nu putea să
creeze în numai șase ani o clasă socială revoluționară.

Este adevărat însă că procesul de angrenare economică
este contemporan cu amorsarea mișcării ideologice moderni-
zatoare. «Contemporan» înseamnă, de fapt, că nu poate fi *de-
terminant*. Clasa «agrarienilor capitalizanți» – cum îi numea
Zeletin[266] – nici nu apăruse încă. Conform lui Ștefan Zele-
tin, ea nu se va naște pînă după domnia lui Cuza. «Burghe-
zii» lui Pătrășcanu sînt părinții lui Brătianu, iar aceștia erau,
în fapt, mici nobili de țară fanarioți[267].

Pătrășcanu face și o alta greșeală. Oriunde vede bani în eco-
nomia română, vede capitalism[268]. Orice cămătar, zaraf sau
vameș este un capitalist – Pătrășcanu ignora faptul că Marx în-

---

[265] *Ibid.*

[266] Ștefan Zeletin – *Neoliberalismul : studii asupra istoriei și politicii
burgheziei române*, ed. a 3a, Editura Scripta, București, 1992.

[267] Mihail Sorin Rădulescu – *Elita liberală românească : 1866-
1900*, Editurile All, București, 2002.

[268] Lucrețiu Pătrășcanu – *Un veac de frămîntări sociale : 1821-1907*,
op. cit.

suși rîdea de acest tip de capitalism – pe care îl numea « vampiresc ». Camăta era, pentru Marx, o formă de « vampirizare socială » pentru că banii extrași prin această metodă nu erau productivi, ci se prezentau ca o formă de taxă privată, extrasă în scopul consumului de la amărîții de țărani și boieri scăpătați. Pentru Pătrășcanu însă, capitalul comercial și cel cămătăresc nu sînt un semn de paralizie. După principiul « cît o fi de puțin, numai să fie », Pătrășcanu conchide că acest ban, chiar superficial, îi face pe boieri burghezi și îi educă într-un spirit modern.

Boierii locali par să fie afectați de sindromul lui Midas, însă pe dos. După cum legendarul rege al Lidiei transforma în aur orice atingea, orice fel de afaceri ar fi făcut elitele noastre, aceasta le transformă, în ochii lui Pătrășcanu, în elite burgheze. « În cea de-a doua jumătate a secolului fanariot se produce o adevărată răsturnare în modul de gîndire al boierimii feudale. Rolul social și puterea marelui boier depind de acum înainte de gradul în care va putea dispune, nu de produsele pămîntului strînse în hambarele conacurilor de pe moșii, ci de sume de bani cît mai mari. »[269]

În realitate, în secolul al XVIII-lea și la începutul secolului al XIX-lea, boierul român este opusul unui antreprenor. El este mult mai aproape de un birocrat, rangul boieresc fiind omologat unei slujbe la stat. Toate dregătoriile sînt acordate persoanei, și nu familiei. Boierul este un funcționar al lui vodă. În aceste condiții, principalul mijloc de « pricopseală » era slujba, iar și nu averea. Boierii din marile dregătorii – acordate după 1742 cu titlu viager, ca în orice despoție orientală – erau, într-adevăr, bogați, unii chiar peste măsură, dar aceasta era urmarea funcției de stat, funcția nedepinzînd de ave-

---

[269] *Ibid.*, p. 35.

re la modul absolut[270]. Desigur, pentru a porni la drum, era nevoie de un oarecare capital material, dar acesta nu era de-ajuns. Cumetriile, ciubucurile, serviciile și contraserviciile erau tot atîtea mijloace de promovare socială. Să ne amintim că Dinu Păturică, prototipul boierului-funcționar al regimu-lui fanariot tîrziu, este fiul unei slugi boierești care și-a început cariera cu călimările ce le purta la brîu și prin serviciile de casă prestate postelnicului Andronache Tuzluc.

O altă problemă pe care Pătrășcanu o rezolvă folosind șa-blonul stalinist este aceea a mișcărilor revoluționare și a miș-cărilor modernizatoare. Agenții schimbării trebuie să fie ne-cesarmente «revoluționari»[271]. În această rubrică încap toți cei ce se supun modelului revoluționar-populist, cu deose-bire boierii scriitori de memorii politice care cer reforme moderne.

Citînd un document al marilor boieri moldoveni de la 1804, în care erau acuzate niște pamflete antiaristocratice răspîn-dite de niște «netrebnici [...] ce încă au ajuns într-atîta de mare nesimțire dobitocească, încît fac pomenirea arătătoare de un cuget a nesupunerii franțuzești »[272], Pătrășcanu îi vede pe «insurgenți», care atrăseseră mînia protipendadei, ca parte a unui curent «burghez», creați de înviorarea vieții comerciale. Nu-l deranjează foarte tare faptul că, doar cîteva rînduri mai încolo, chiar el spune : «Cine erau acești netrebnici ? Ni-i arată Mălinescu : boieri de starea de mijloc și boiernașii. »[273]

---

[270] Ioan C. Filitti − « Clasele sociale în trecutul românilor » *in Ar-hiva pentru știința și reforma socială*, 6, nr. 3-4, 1925.

[271] Lucrețiu Pătrășcanu − *Un veac de frămîntări sociale : 1821-1907*, *op. cit.*, capitolul 2.

[272] *Ibid.*, p. 58.

[273] *Ibid.* Tot aici Pătrășcanu arată că mișcarea era, totuși, departe de idealurile revoluției franceze.

Cu toate acestea, opinia lui Pătrășcanu rămîne neclintită: oriunde și oricum ar fi fost mișcările sociale contestatoare, țelul lor era neapărat unul « revoluționar », în sens « burghez », reflectînd primii pași ai capitalismului. Explozia memoriilor de la începutul secolului al XIX-lea reprezintă, pentru Pătrășcanu, o etapă ideologică în nașterea burgheziei românești, în care boierii mici și burghezia joacă un rol conducător[274] – o afirmație mai mult decît exagerată, dacă ținem cont de realitatea globală a mișcării memorandiste de la începutul secolului. Din cei 32 de autori de memorii pe care Vlad Georgescu îi identifică între 1769 și 1830, 18 sînt boieri mari, 4 boieri mici și 3 burghezi[275]. Boierii mari produc 47 de texte; boierii mici și mijlocii, 11; iar burghezii, 5. Socotind numai perioada 1800-1830, Vlad Georgescu observă că 45 % dintre autori sînt mari boieri și numai 17 % mici boieri și burghezi. Dacă ar fi să spunem că activismul politic variază în funcție de clasa socială, concluzia ar trebui să fie opusă celei trase de Pătrășcanu: modernizarea este promovată de feudali, nu de « burghezi ».

Motivele sînt simple. Boierimea mare este mai bine instruită decît orice alt grup social din principate. Educația sa franceză este de tip critic[276]. Ea îi dă acces la modelul social al reformei politice și la ideea însăși a memoriului (în treacăt fie

---

[274] *Ibid.*, p. 115.

[275] Vlad Georgescu – *Istoria ideilor politice românești, 1369-1878*, Editura Jon Dumitru, München, 1987; Vlad Georgescu – *Mémoires et projets de réforme dans les principautés roumaines, 1831-1848 : répertoire et textes, avec un supplément pour les années 1769–1830*, vol. 5, *Études et documents concernant le Sud-Est Européen*, București, 1972.

[276] Neagu M. Djuvara – *Între Orient și Occident : Țările Române la începutul epocii moderne (1800-1848)*, op. cit.

spus, o invenție a revoluției franceze)[277]. Marea boierime este, de asemenea, grupul cel mai interesat de modernizarea politică și socială, pentru că aceasta îi asigură permanența unui stat și a unei birocrații locale, ale cărei funcțiuni le ocupa[278]. Redeșteptarea națională îi aduce, în plus, garantarea unui control indigen asupra bogățiilor locale. De pe poziții staliniste, Pătrășcanu respinge această părere, susținând ideea perfect congruentă cu dogma marxistă : evoluția de la feudalism-iobagism s-a făcut la noi prin intermediul burgheziei și « tovarășilor săi de drum », micii boieri, care, astfel, din interes material, s-au văzut singurii stăpânitoari ai talismanului naționalist. Maniera foarte tranșantă în care Pătrășcanu dă verdictul : « Naționalul se suprapune socialului și invers »[279] este, poate, una dintre cele mai flagrante exagerări din toate câte îi minează analiza. El merge și mai departe, afirmând că forțele reacționare boierești au luat măsuri bruște și dure împotriva tuturor încercărilor de formare a unei culturi proprii și a unei conștiințe naționale – o fantezie contrazisă de tot ce știm despre mecenatul cultural al boierimii locale, atât române, cât și grecești[280].

Obsesia lui Pătrășcanu de a demonstra motivația burgheză a mișcărilor sociale românești de la începutul secolului al

---

[277] Vlad Georgescu – *Political Ideas and the Enlightenment in the Romanian Principalities, 1750-1831*, Boulder Colo., East European Quarterly, distr. Columbia University Press, New York, 1971.

[278] Virgil Nemoianu – *România și liberalismele ei : atracții și împotriviri, op. cit.*

[279] Lucrețiu Pătrășcanu – *Un veac de frămîntări sociale : 1821-1907, op. cit.*, p. 132.

[280] Neagu M. Djuvara – *Între Orient și Occident : Țările Române la începutul epocii moderne (1800-1848), op. cit.* ; Vlad Georgescu – *Political Ideas and the Enlightenment in the Romanian Principalities, 1750-1831, op. cit.*

XIX-lea este destul de clară și atunci cînd discută răscoala lui
Tudor, pe care o numește «revoluție». Pătrășcanu crede că
«pandurii» de frunte ai lui Tudor sînt burghezi – deși, pre-
cizează el, într-o formă incipientă – pentru că fac afaceri, re-
prezentînd interesele capitalului comercial și cămătăresc[281].
Este cazul prietenului lui Tudor, vameșul și zaraful județu-
lui Vîlcea, Vasile Moangă, în casa căruia se pun la punct ulti-
mele detalii ale insurecției [282]. Dar pandurii, atît ca persoane,
cît și ca grup social – concentrat în județele Vîlcea, Gorj și
Mehedinți – nu se vor comporta ca noi agenți ai unui nou
mod de producție. Ei sînt reprezentanții unui grup feudal
local căutînd o voce și o influență națională. Odată ajunși în
funcții, vor căuta să reproducă vechea stare de lucruri. Cum
ne putem explica altfel faptul că «Cererile norodului româ-
nesc» – documentul programatic al mișcării de la 1821 – se
termină cu o cerere de scutire de dăjdii pentru Tudor și cei-
lalți panduri de frunte ? Acest privilegiu era cea mai eviden-
tă modalitate în care feudalii de pretutindeni dominau lumea
medievală. Cerînd un astfel de drept, Tudor și tovarășii săi
anulează orice iluzie de «îmburghezire »[283].

E drept, Pătrășcanu îndulcește pastila marxistă spunînd, în
jargonul caracteristic, că pandurii sînt niște reprezentanți in-
consecvenți ai burgheziei, aflați într-o lume nesigură : « o so-
cietate înapoiată, în care forțele de producție erau încă în fașă,

---

[281] Lucrețiu Pătrășcanu – *Un veac de frămîntări sociale : 1821-1907*,
op. cit., p. 65.

[282] *Ibid.*, p. 66.

[283] Pătrășcanu însuși remarcă faptul că cererile lui Tudor erau ti-
mide în raport cu ideea marxistă despre «revoluția burgheză», dar
susține că, lăsînd la o parte limitările, acestea erau semnele ascensiunii
burgheziei.

unde elementele precapitaliste sînt hotărîtoare. »[284] Pe de altă parte, el amărăşte aceeaşi pastilă prin modul în care evaluează global mişcarea lui Tudor, văzută exclusiv prin prismă socială, ca o etapă incompletă a impunerii capitalismului în Valahia[285]. Această opinie anulează aspectele politice şi internaţionale ale mişcării, care sînt de-o importanţă capitală. Mişcarea lui Tudor este mai mult externă decît internă, căci este o parte a ridicării grecilor împotriva turcilor, Tudor fiind subordonat Eteriei, cu voia multor mari boieri locali. Cum s-a mai spus, revolta sa a fost o zaveră cu « voie de la poliţiune »[286].

Concentrîndu-se pe problemele tipice stalinismului, cum ar fi identificarea rolului « maselor » şi al « burgheziei » în istorie, în ciuda pretenţiei de-a oferi o explicaţie globală, integrată a procesului dintr-o perspectivă sociologică, viziunea lui Pătrăşcanu, cînd nu este apologetică, este parţială. Teoria sa asupra elitelor moderne româneşti nu va depăşi limitele descrise de modelul « evoluţiei burgheziei », la care se opune

---

[284] Pătrăşcanu – *Un veac de frămîntări sociale : 1821-1907, op. cit.*, p. 63.

[285] Pătrăşcanu justifică, totuşi, chiar eşecul răscoalei prin caracterul ei capitalist-cămătăresc : « Într-adevăr, această revoluţie, condusă de reprezentanţii capitalului cămătăresc şi comercial, nu putea împinge forţele revoluţionare pe drumul consecvent al răsturnării stărilor sociale existente şi al înscăunării unui nou regim, acela burghezo-moşieresc. Boiernaşii şi negustorimea de categoria lui Tudor Vladimirescu, Vasile Moangă şi ceilalţi care se găseau în fruntea revoluţiei nu reprezentau o clasă, ci doar embrionul unei clase, a burgheziei de mai tîrziu. Iar în calitatea lor de reprezentanţi ai capitalului comercial şi cămătăresc, scopurile pe care şi le puseseră nu necesitau răsturnarea întregului regim. » *Ibid.*, p. 93.

[286] Andrei Oţetea – *Tudor Vladimirescu şi revoluţia din 1821*, Editura Ştiinţifică, Bucureşti, 1971.

« reacțiunea clasei boierești », aflată în defensivă. Mișcarea de la 1848 este văzută ca o mișcare a unei burghezii puse pe compromis[287], susținută vital de « mase », inclusiv de o precoce muncitorime, care apare ca principalul « element combativ »[288]. Pătrășcanu rezolvă astfel cu stîngăcie toate problemele modernizării politice. Rămîn neatinse mistere precum acela că reprezentantul cel mai pur al incipientei burghezii românești, fiul de funcționar Ion Heliade-Rădulescu, este la 1848 un moderat, în timp ce reprezentanții cei mai puri ai aristocrației feudale, ca Ion Ghica (ce se trăgea din ramura domnească a Ghiculeștilor) sau Rosetti sînt mai degrabă radicali[289].

Cu toate inconsecvențele sale, Pătrășcanu nu este un intelectual lipsit de calități. Cărțile sale sînt erudite și proza lui foarte curgătoare, chiar captivantă. Deși cunoaște bine literatura istorică, folosind multe izvoare în forma lor originală, istoricul marxist-leninist toarnă toate analizele sale într-un singur calapod. Voința de a demonstra acțiunea necesității, acolo unde pînă și existența probabilității este problematică, naște o unilateralitate de interpretare antiistorică. Propunînd un singur tip de forțe sociale și economice ca responsabile pentru mișcările macrosociale, el reduce explicația istorică la aplicarea unei scheme mecanice.

---

[287] « Revoluția pașoptistă a avut un caracter burghez. Ea nu urmărea – ca să întrebuințăm cuvintele lui Marx – decît să înlocuiască o minoritate prin alta. O clasă urma să ia locul alteia în ierarhia socială și politică. De fapt, poate tindea la și mai puțin, așa cum s-a întîmplat ulterior în toate revoluțiile burgheze : noua clasă voia să împartă puterea cu cea veche. » Lucrețiu Pătrășcanu – *Un veac de frămîntări sociale : 1821-1907, op. cit.*, p. 187.

[288] *Ibid.*, p. 204.

[289] *Ibid.*, pp. 190-199.

Reducerea logicii istoriei la o schemă care ar urma să fie umplută cu fapte este, pentru acest marxist-leninist-stalinist, o a doua natură. Aceasta a fost o mare nenorocire pentru istoriografia care se scria sub regimul comunist. Fiind tot ce putea oferi mai « liberal » marxismul local, Pătrășcanu a pus o ștachetă foarte joasă inventivității intelectuale locale care i-a urmat. Dacă marxistul cel mai deschis a fost un stalinist, cei care încercau să-l propună ca o lumină a deschiderii după 1965 nu vor putea sari prea departe de trunchi. Să sperăm că stînga intelectuală locală va sesiza acest handicap și nu-l va adopta pe Pătrășcanu ca pe unul dintre corifeii săi.

Sinecură
și individualism :
un nou etos
românesc

În înțelesul popular, a avea o sinecură înseamnă a trăi dintr-o slujbă pentru care nu trebuie să faci nimic. Acest fenomen este foarte răspîndit în România, dar nu este un lucru nou ori specific societății românești. Veche și de notorietate publică, sinecura a căpătat însă în ultimele cîteva decenii caracteristici locale nebănuite. Ea a devenit un model de viață socială cu valențe pozitive, integrată funcțional unui anume mod de existență în care relația dintre spațiul public și cel privat este estompată. Voi arăta aici nu numai că ocuparea unor poziții pentru prestigiul lor social se bazează pe un ideal « aristocratic », − în care munca e disprețuită, iar ocupațiile nelucrative, din afara ei, sînt considerate adevărata rațiune de a fi a oricărui individ −, ci și faptul că traiul dintr-o sinecură este, în același timp, încercarea multor români de a da, în mod neașteptat, sens vieții lor.

Sinecurismul în România de după 1989 trebuie văzut ca o modificare profundă, structurală a societății și culturii românești, nu numai ca o deficiență morală a indivizilor. O definiție mai extinsă ar spune că este dorința românului cu ambiții sociale de a se susține și alimenta, material și moral, prin ocuparea unei poziții sociale privilegiate, furnizate de stat sau de alte instituții publice, care nu-l obligă pe beneficiar să presteze un efort normat de un criteriu clar de eficiență. Mai mult, funcția nu numai că oferă o soluție de subzistență, ci ea este un semn, o etichetă socială.

Mai interesant însă decît pura existență a fenomenului este faptul că în România contemporană privilegiul de a avea o sinecură nu este complet dacă nu este etalat. Mai exact, cel care primește o sinecură trebuie să le arate apăsat tuturor cît de puțin efort depune pentru a-și menține poziția. Aș avansa ipoteza că dorința de a trăi de pe urma sinecurilor în România nu este numai un mecanism de adaptare socială, o opțiune de retragere din istorie, de abandonare a ambițiilor și de fatalism individual, ci este și un mecanism de reconstrucție valorică a realității sociale, un fenomen de « bricolaj » sociologic. Cu toate că este alimentată istoric, această mentalitate are și cîteva elemente noi.

Explicațiile istorice curente în România subliniază ideea că sinecurismul a fost/este un fel de boală a culturii românești de inspirație fanariotă[290]. Este adevărat că tradiția sinecurii este îndelungată în România, dar cauza sa nu este de natură psihologic-individuală, ci cultural-instituțională. Ea ar trebui, de aceea, căutată în natura culturii politice asociate cu statul birocratic patrimonial, de inspirație orientală, al principatelor române.

Acesta era un stat de natura prebendală[291], îndeosebi în etapa sa fanariotă. Este, de pildă, interesant de remarcat că unul dintre sinonimele preferate pentru om bogat este « om cu stare ». Deși lingviștii nu par să fi ajuns la o explicație etimologică definitivă a expresiei, voi avansa ipoteza că ea reflectă percepția bogăției ca fiind consecința, și nu cauza poziției sociale. Aș traduce « stare » nu direct, ca nivel de bogăție, ci

---

[290] Constantin Dobrogeanu-Gherea – *Opere*, vol. 4, *op. cit.* ; H.-R. Patapievici – *Politice, op. cit.* ; C. Rădulescu-Motru – *Cultura română și politicianismul, op. cit.*

[291] Max Weber – *From Max Weber : Essays in Sociology, op. cit.*

ca recunoaștere a apartenenței la un anumit grup, la un anumit rang social (termenul « stare » nu e străin de *estate*, *état* ori *Stand* în lumea feudală engleză, franceză și germană). « Starea » poate fi interpretată ca rang, dar într-un chip diferit de cel în care era văzut rangul feudal în Europa apuseană.

Ioan C. Filitti[292], sociolog și istoric al aristocrației române multă vreme ignorat, atrăgea atenția asupra următorului fapt : « Deosebirea între această nobilime [românească] și cea feudală [occidentală] este că cea din urmă constituia un atribut al persoanei, putea exista și fără pămînt și nu se pierdea o dată cu feuda [...] înnobilarea pentru valoare individuală nu se făcea la noi prin introducerea în ordinul cavalerilor, ci prin dăruire de pămînt de către domn. »[293] Așadar, rangurile boierești în Țările Române nu erau create de un titlu personal, ci de posesiunea unor domenii, a căror proprietate era însă garantată de domn, care era, în principiu, proprietarul întregii țări. Proprietatea era, în fapt, condiționată de înălțarea în rang, în secolul al XVIII-lea consfințită prin înregistrarea în arhondologia oficială a rangurilor nobiliare autohtone. În Țările Române, boierul era de fapt un « angajat » al statului, dacă putem spune așa, mai ales în timpul domniilor fanariote. Statul feudal tîrziu român era deci o birocrație patrimonială orientală, în care titlul nobiliar era o funcție a statului, a suveranului, nu un atribut al persoanei. În urma sa veneau toate privilegiile sociale, inclusiv bogăție, faimă, respect.

Primul stat modern românesc a moștenit din plin aceste caracteristici. Faptul nu este deloc întîmplător, dacă luăm în considerare ritmul lent al înnoirii elitei politice românești între

---

[292] Ioan C. Filitti – « Clasele sociale în trecutul românilor », *op. cit.*
[293] *Ibid.*, p. 326.

vechiul regim feudal și noul stat modern. Conform lui Ja-nos[294], între 1866 și 1888, 77 % dintre miniștri proveneau din familii de boieri. De acest fenomen au fost conștienți și criticii mai lucizi ai statului roman, imediat după consolidarea lui. Vorba de duh : « Românul crește bursier, trăiește ca amploaiat și moare pensionar », care circula în folclorul intelectual românesc antebelic,[295] sintetiza destul de bine această structură socială și mentală.

Lumea modernă românească a păstrat – cu modificări – destule din structurile sociale și mentale ale lumii care a precedat-o, în special condiționarea respectului social, a sentimentului de împlinire socială și de multe ori materială prin accesul la poziții sociale și culturale garantate de stat. Poziții universitare, fundații culturale, pensii viagere și averi făcute de pe urma contractelor încheiate cu statul au consfințit multe cariere, transformînd instituțiile și serviciile publice, cum spunea C. Rădulescu-Motru, din mijloace pentru realizarea binelui public în mijloace pentru realizarea intereselor personale[296]. În plus, statul însuși devenise realitatea primă a societății românești, înglobînd-o, după cum observau criticii conservatori de tradiție junimistă. Observația lui Caragiale redă această stare de fapt cu minuțiozitate : « Statul tînăr, înființat după împrejurări, are nevoie grabnică de o societate. Statul improvizat, în loc de a fi forma de echilibru a forțelor sociale la un moment dat, caută să fie fondul și izvorul născător al acelor forțe. De unde statul ar trebui să fie rezultatul natural al socie-

---

[294] Andrew C. Janos – « Gentry in the modern world. The Romanian boyars and Hungarian nobles in the rising national state », *op. cit.*

[295] Vezi citatul din « Oligarhia română » inserat la sfîrșitul eseului despre Gherea.

[296] C. Rădulescu-Motru – *Cultura română și politicianismul, op. cit.*

tăţii, ne pomenim că societatea trebuie să fie produsul artificial al statului. Statul improvizat, simţind că păşeşte în gol, are nevoie de un reazem pe care să îşi pună piciorul. »[297]

Dar a pune sinecurismul de dată mai recentă numai pe seama istoriei este un păcat, şi încă unul cu atît mai mare, cu cît este prea uşor de făcut. În primul rînd, o asemenea judecată îi condamnă pe români — ca multe facile raţionamente judecăţi care dau toată vina pe aşa-zisul balcanism — la o încremenire în trecut, la o imagine de secol XIX de « trib australian »[298]. Aşa cum arată însă Lévi-Strauss în articolul « Istorie şi antropologie », chiar şi « primitivii » au istoria lor, ei sînt contemporanii noştri[299]. Istoria arareori se repetă şi nici nu stă pe loc. Cu toate acestea, Lévi-Strauss atrage imediat atenţia : « În istorie faptele sînt organizate în relaţia lor cu expresiile conştiente ale vieţii sociale, în timp ce antropologia examinează fundamentele sale inconştiente. »[300] Investigaţia asupra esenţei sinecurismului românesc recent trebuie deci făcută la un alt nivel de profunzime decît cel al purei fenomenologii istorice.

Dorinţa românilor de a se împlini şi de a trăi pe seama unei poziţii sociale puse la dispoziţie de stat sau de alte organizaţii, în care prestigiul şi satisfacţia funcţiei sînt necorelate cu intensitatea efortului productiv, lucru specific lumii postcomu-

---

[297] Ion Luca Caragiale — *Opere*, vol. 4, Editura pentru Literatură, Bucureşti, 1965, p. 71.

[298] Tony Judt — « Romania : bottom of the heap », *The New York Review of Books*, 17, 1 noiembrie 2001 ; Robert D. Kaplan — *Eastward to Tartary : Travels in the Balkans, the Middle East, and the Caucasus*, 1a ed., Random House, New York, 2000.

[299] Claude Lévi-Strauss — *Structural Anthropology*, Basic Books, New York, 1963.

[300] *Ibid.*, p. 18.

niste, are şi alte cauze decît cele derivate din statul neofa-
nariot. În general, sociologii şi politologii care s-au ocupat de
modernizarea socială a României[301] au avut tendinţa de a în-
vinui sistemul economic capitalist mondial de crearea unei
clase/caste boiereşti, mai tîrziu « burgheze » parazitare. Pentru
ei, apariţia fenomenelor de tipul sinecurii este expresia socia-
lă a unei realităţi economice mult mai cuprinzătoare.

Modelul lor, parţial adevărat, nu mai poate fi însă folosit
pentru a explica de ce sinecurismul nu numai că a supravie-
ţuit distrugerii sistemului politic modern (1866-1944) din
România, dar s-a menţinut sub comunism şi prosperă chiar
în zilele noastre. Remanenţa lui indică faptul că, în timp ce
sistemele economice, locale dar şi mondiale, s-au schimbat,
anumite caracteristici culturale au continuat să funcţioneze.

Acestea nu s-au transmis însă absolut neschimbate. După
cum nimeni nu intră de două ori în apa aceluiaşi rîu, for-
mele sociale, deşi par aceleaşi, pot avea conţinuturi diferite.
Sinecurismul mai recent are propriile lui trăsături şi diferă de
cel de ieri. Explicaţia pe care o voi oferi în sprijinul acestei
teze este predominant culturală şi are în centru idealul de
viaţă care-i inspiră pe cei în căutare de sinecuri astăzi în Ro-
mânia. Visul de a trăi dintr-o sinecură, năzuinţa de a trăi fără
a munci este un ideal pozitiv, inspirat de o constelaţie de valori
care se întemeiază în România pe o dramatică răsturnare a
raportului dintre spaţiul public şi cel privat, dintre eul public
şi cel privat.

---

[301] Daniel Chirot – *Social Change in a Peripheral Society : the Creation
of a Balkan Colony, op. cit.* ; Kenneth Jowitt şi University of California
Berkeley, Institute of International Studies – *Social Change in Romania,
1860-1940 : a Debate on Development in a European Nation*, Institute of
International Studies University of California, Berkeley, 1978.

Parțial responsabilă de această situație este traumatica experiență comunistă, care a distrus spațiul public prin actul de agregare ideologică, totalitară a societății civile și a statului. Perioada postcomunistă, deși a legalizat un spațiu public neguvernamental, nu a reușit decît să creeze o lume hibridă, numai pe jumătate emancipată de stat. După 1989 au apărut mult organizații publice nestatale : firme private, asociații civice, cluburi etc. În marea lor majoritate însă, ele nu au reușit să devină cu totul independente de stat, ba chiar, paradoxal, au fost inventate de acesta. Spre exemplu, multe dintre firmele denumite SA (societăți anonime) sînt, în fapt, întreprinderi de stat sau controlate de inși a căror putere provine din funcțiile lor politice. Mai toate camerele de industrie și comerț, deși ar fi trebuit să fie organizații strict profesionale ale comercianților și industriașilor locali, au fost create prin ucaz de funcționari ai statului. O mulțime de alte organizații locale filantropice sînt extensii ale variatelor partide și grupuri de interese legate de stat.

Urmarea firească a acestei dominări a spațiului public de către stat și puterea politică a fost crearea înainte de 1989 și prelungirea după această dată a unui sentiment de alienare cetățenească față de tot ce înseamnă viață publică. Modul în care s-a manifestat această alienare s-a schimbat, totuși, întrucîtva după căderea comunismului.

Cum spuneam, în general, rezultatul a fost o comportare sinecuristă față de unul dintre cele mai importante sectoare ale vieții românești : munca. Înainte de 1989 însă, sinecurismul era o reacție de genul «statul se face că ne plătește, noi ne facem că muncim». După 1989, sinecurismul a devenit un comportament mai complex, de subvertire și resemnificare a spațiului public, nu doar de respingere. Sinecurismul de dată mai recentă este un răspuns valoric, un model de viață, pe care românii l-au reinventat, altoind forme istorice vechi pe idei

185

noi, într-un îndrumar existenţial care pune în centru viaţa privată. Ca să explicăm mai bine acest fapt, iată un prim exemplu.

Dinu[302] este un tînăr român foarte productiv şi energic. Are o slujbă bună, la un post de radio care îl plăteşte în valută. Are multe contacte în lumea politică şi mondenă, prin intermediul funcţiei pe care o deţine. Mai mult, e un autor cu un nume deja cunoscut. Cărţile pe care le-a publicat au fost scrise graţie muncii de teren pentru poziţia pe care o ocupă la postul de radio. Dinu spune însă că munca sa oficială în presă, cea care i-a permis să aibă acces la informaţiile cu ajutorul cărora şi-a făcut un nume, nu are nici cea mai mică importanţă pentru el. De fapt, spune el, scopul lui e să muncească, oficial, cît mai puţin.

Dinu mi-a mai mărturisit că a munci mai puţin, chiar atunci cînd jobul cu pricina nu este o corvoadă, ci o alegere voluntară, este una dintre satisfacţiile lui cele mai mari[303]. Mai mult, din banii pe care îi face – mulţi în România, dar poate nu îndeajuns ca să spună că are o viaţă foarte îmbelşugată – a pus pe picioare o mică fundaţie cu care finanţează activităţile academice ale unei universităţi transilvane. Cu o evidentă mîndrie, el le spune tuturor că e poreclit «sponsorul» de cei din grupul lui.

Atitudinea lui Dinu arată ce este nou în sinecurismul românesc postdecembrist. Dincolo de sinecurismul de nevoie, impus de atotputernicia statului, există, cred, un sinecurism simbolic, sinecurism ca mod de a fi, ca etos cultural. Reali-

---

[302] Numele lui Dinu şi cel al lui Radu au fost schimbate pentru a păstra anonimatul. Observaţiile au fost făcute în 1997.

[303] Dinu, un personaj relativ boem, este, paradoxal, foarte organizat şi conştiincios în viaţa sa profesională. Declaraţiile lui nu acoperă ceea ce face, ci ceea ce crede el că este un model de viaţă «respectabil».

zînd că eliberarea spaţiului public post-1989 este iluzorie şi
că acesta se zbate într-o mare de relaţii clientelare ce gene-
rează o corupţie fără margini, tineri ca Dinu s-au convins că
viaţa « adevărată » nu poate fi aceea pe care ţi-o petreci în
spaţiul public. În fapt, spaţiul public, partea publică a iden-
tităţii multora dintre români cad într-o zonă considerată
precară, demnă de a fi exploatată, dar nu de a te lăuda cu ea
sau de a o prezenta ca o realizare personală. Sinecurismul ro-
mânesc, dorinţa de a trăi fără a « munci » nu înseamnă că oa-
menii, sau cel puţin cei ca Dinu, trag chiulul. Ei pot fi, ori
chiar şi sînt, foarte conştiincioşi. Cu toate acestea, munca
lor oficială nu poate să-i satisfacă sau ei nu pot să se laude cu
rezultatele ei. În multe cazuri, respectul de sine le-o cere.
De aceea, tot ce contează este viaţa lor privată, munca lor
« neoficială ».

Acest fenomen este, cum spuneam, produsul unei drama-
tice inversări a raportului dintre spaţiul public şi cel pri-
vat, dintre eul public şi cel privat[304]. Prin etos înţeleg,
urmîndu-l pe Max Weber[305], structura culturală şi
normativă care ne orientează modul în care ne imaginăm
viaţa socială-model, idealul de viaţă personal. În lumea feu-
dală occidentală clasică, acest model cuprindea bravura fizi-
că, onoarea şi bunele maniere pentru nobilime, ori erudiţia
şi abţinerea de la cele lumeşti pentru cler. În lumea medie-
vală asiatică, etosul mandarinului era cunoaşterea normelor
sociale şi a literaturii clasice în vederea înaintării în rangul
birocratic ; în lumea protestantă capitalistă, idealul conţinea

---

[304] Harry Triadnis − « The self and social behavior in differing
cultural contexts », *Psychological review*, 96, nr. 3, 1989.

[305] Max Weber − *The Protestant Ethic and the Spirit of Capitalism*
(trad. Talcott Parsons), Routledge, Londra, 1992.

abținerea de la bunurile pămîntești, dublată însă de acumularea acestor bunuri ca semn că ești «plăcut în ochii Domnului».

Un al doilea exemplu ar putea clarifica reordonarea relației dintre spațiul public și cel privat sub impactul «sinecurismului». Radu este medic. A făcut, în urmă cu cîțiva ani, după revoluție, un stagiu de pregătire în mai multe spitale din America. Printre multele lucruri de peste Ocean care i s-au părut «pe dos» după cîte spune el, cel care l-a uimit cel mai tare și pe care îl povestește tuturor celor care îl întreabă cum e în America este că acolo trebuia să se îmbrace în haine de toată ziua cînd era invitat la petreceri și să se îmbrace în costum cînd se ducea la serviciu.

Observația lui Radu că este nefiresc să te duci la lucru îmbrăcat ca la nuntă, după cum este «lipsit de politețe» să te duci la petreceri îmbrăcat în haine de toată ziua reflecta regulile sale de comportament, prescrise de un anume set de valori. Acestea împart spațiul social ideal într-o zonă «bună», aleasă, pozitivă, elevată, a plăcerii, și una a trudei, a muncii, a teluricului chin de a supraviețui. Prima zonă este cea privată, a doua este cea publică. Fascinantă este însă învestirea de către Radu a spațiului și a eului privat cu elemente ale fostului spațiu public. El crede că hainele de gală sînt potrivite numai în spațiul privat, dar nu și în cel public, dezvăluind astfel o imagine a spațiului social al petrecerilor ca un spațiu hibrid, privat în esență, dar public ca formă. Lumea «socială» este un spațiu public la purtător, de multe ori redus la cîteva cunoștințe și rude.

Pe de altă parte, modul în care Dinu își dedică puținele sale resurse materiale susținerii unei activități publice – cercetarea academică – este în fapt proiectarea publică și civică a pasiunilor sale private, care, deși neformalizate într-o vocație, au devenit pentru el o ocupație cvasipublică.

Inversarea celor două spaţii a avut loc, desigur, din cauza
confiscării oricărui spaţiu public de către puterea comunistă,
ceea ce i-a lăsat pe oameni izolaţi şi stingheri. Este expresia
unui nou tip de individualism, pe care Durkheim l-ar denu-
mi anomic[306]. Prin aceasta avansez ipoteza că sistemul co-
munist, cu nimic deosebit de cel din alte societăţi industriale,
a aruncat societăţile pe care le-a controlat pe o cale fără de în-
toarcere[307]. El a marcat o cezură între societatea tradiţională,
colectivistă, şi cea modernă, individualistă. De aceea, sinecura
de tip postcomunist este radical diferită de cea « tradiţională ».
Vechea sinecură avea în primul rînd un scop public, pentru
că viaţa socială era publică. Aici, Jowitt[308] are dreptate cînd
spune că parazitarea statului şi acumularea de bogăţie în socie-
tatea « modernă » românească dintre 1866 şi 1944 aparţineau
unui proces în care bogăţia adunată prin orice mijloace era
« semnificativă ca podoabă ţipătoare, ca o demonstraţie a pute-
rii într-o lume a penuriei [...] comportamentul economic
este inervat de o mentalitate a generozităţii eroic-prădătoa-
re. »[309] Comunismul însă a distrus legăturile de tip corporatist
ale grupurilor de solidaritate în care această etalare a « prăzii »
conta şi a lăsat indivizii izolaţi, fără un adevărat sentiment
al consacrării publice. În orice societate umană există însă
nevoia de a te exprima social, de a ieşi din găoacea propriu-
lui eu, pe care nici o putere nu o poate reprima. Prin con-
fiscarea spaţiului public în România, această năzuinţă a

[306] Émile Durkheim – *The Division of Labor in Society*, op. cit.
[307] Alexandr Zinoviev – *Homo Sovieticus*, Gollancz, Londra, 1985.
[308] Kenneth Jowitt şi University of California Berkeley, Institute
of International Studies – *Social Change in Romania, 1860-1940 : a De-
bate on Development in a European Nation*, op. cit.
[309] *Ibid.*, pp. 10-11.

189

migrat în spațiul privat, ca o iederă care se tîrăște pe pămînt atunci cînd nu găsește nici un sprijin vertical.

Această nouă formă hibridă are în centru viața privată pentru că, în opoziție cu societatea tradițională, viața în lumea comunistă și postcomunistă este eminamente privată. Viața alternează între individualism, lipsit de atributele responsabilității, și grupuri difuze, în care participarea se face numai pentru împlinirea nevoilor individuale. Este acea formă de individualism fără individualitate descrisă de Zinoviev în « Realitatea comunismului »[310].

Noua realitate socială, în care spațiul public și cel privat sînt amestecate și dominate de cel din urmă, este cum nu se poate mai bine reprezentată de formula semipoliticoasă folosită în românește pentru referirea la persoanele de sex feminin care au o poziție socială de oarecare influență. « Doamna Mimi », « Doamna Jeni », « Doamna Ani » − ca formule de adresare − îmbină apelativul public, un imprecis rang social paraoficial de « doamnă », cu numele de botez, de cele mai multe ori în formă diminutivă, o libertate pe care în românește ți-o iei numai cu cei mai intimi membri ai cercului tău de rude și cunoștințe.

Intrarea femeilor în spațiul social formal, marcat de prezența acestor apelative, este el însuși un fenomen care atestă importanța crescută a spațiului privat în România. Femeile au fost în chip tradițional marginalizate în societatea românească medievală sau modernă, sechestrate (ca în toate societățile tradiționale) în spațiul privat al gospodăriei, cum se și spune în România, « la bucătărie ». În noul context însă, de bruscă aducere în prim-plan a spațiului privat, în detrimentul celui

---

[310] Alexandr Zinoviev − *Homo Sovieticus, op. cit.*

public, ele par să fi căpătat o discretă putere, deşi nu complet actualizată. Deşi încă « sub papucul » bărbaţilor, femeile apelate cu formula susamintită par să aibă o ciudată poziţie de autoritate, mai ales în sînul familiei ori al cercului de prieteni şi cunoştinţe, în special ca mediatoare între lumea puterii oficiale, publice şi infinitele reţele de influenţă personală, private. Multe « pile » şi « relaţii » trec prin intermediariatul acestor « doamne ». Ba chiar, după cum îmi mărturisea o femeie manager din Bucureşti care a lucrat şi în Occident, în unele zone de competenţă, cum ar fi cercurile manageriale ale unor firme private competitive, româncele se simt mai importante şi au mai multă influenţă în companiile lor decît în unele ţări occidentale, cum ar fi Franţa.

Tragem concluzia că, în România, ideea care stă în spatele bucuriei de a trăi şi de a te împlini nu se bazează pe o opoziţie simplistă între spaţiul public şi cel privat. De fapt, idealul este acela de a amesteca cele două spaţii, de a le hibridiza. Deşi caracteristică şi societăţilor tradiţionale, această hibridizare pune în centru, în lumea postcomunistă, viaţa privată, nu pe cea publică, ceea ce face din acest univers social unul « paramodern », ca să folosesc termenul pe care l-am avansat în primul eseu al acestui volum.

Dinu îşi pune cele două părţi ale vieţii împreună pornind de la aspectul privat al vieţii sale. Nici el, nici ceilalţi români prinşi în acest joc nu pot recunoaşte însă că au încorporat spaţiul public în propriul lor spaţiu privat şi de aceea pun în scenă micul lor act despre dispreţul pe care îl au faţă de slujbele ori misiunile lor publice. Viaţa lor publică îmbracă tot mai mult un strai privat, deşi, în fond, toată lumea încearcă să se afirme în public, nu în mijlocul familiilor.

Sinecura este, aşadar, o formulă socială stranie, în care idealul de viaţă privată încearcă să facă pace cu o lume publică pierdută. Ea nu trebuie confundată cu lenea sau cu dorinţa de cîştig uşor, ci este, în fapt, o dramatică transformare a vieții româneşti. Aceasta, iradiată de razele necruțătoare ale istoriei, a suferit mutații genetice semnificative, ale căror consecințe socio-psihologice rămîne să fie descoperite.

Delimitări și concluzii

mi aduc aminte că, prin 1987, colegul meu Florin Lobonț, pe atunci student la Facultatea de Filosofie, acum profesor la Universitatea de Vest din Timișoara, îmi povestea cum unul dintre profesorii săi i-a arătat cartea lui Allan Bloom[311], *The Closing of the American Mind*. Florin, cu un suspin furiș, îmi mărturisea cum profesorul i-a trecut cartea « pe la nas » șoptindu-i : « Așa ceva apare o dată la o sută de ani ». Nu știu sigur dacă profesorul i-a dat cartea lui Florin s-o citească. Și mă îndoiesc că profesorul o prețuia din motive de conținut. Gestul său făcea parte din arsenalul de metode de control al averilor simbolice specifice elitei intelectual-academice comuniste din România. Profesorul fusese nerăbdător să le arate studenților săi că are acces la sursele științei și filosofiei occidentale, care, într-un fel, îi legitimau puterea academică, compensînd pentru lipsa de credibilitate a instituției pentru care lucra, compromisă de marxism.

Volumul de față stă sub semnul acestei anecdote. Mulți ani, înainte și după ce am plecat din România, m-am întrebat care sînt resorturile adînci ale acestui comportament. Am renunțat să mai caut răspuns pentru un număr de ani. Moti-

---

[311] Allan David Bloom – *The Closing of the American Mind*, Simon & Shuster, New York, 1987.

vele sînt variate, biografice și intelectuale. În 1997 am scris
însă eseul despre grupurile de prestigiu care deschide acest vo-
lum, iar după cîțiva ani am avut șansa să-mi recitesc lucrarea
de diplomă susținută la absolvirea Facultății de Istorie a Uni-
versității din București : « Teoriile modernizării României :
romantism, pozitivism, marxism ». Am fost surprins să con-
stat, citind paginile îngălbenite, pe care le bătusem la mașină
pe fîșii de hîrtie de imprimantă, în timpul și după mineria-
dele din 1990-1992, că multe idei din eseul « Secretul sănă-
tății sociale » se legau de cele pe care le explorasem în
lucrarea de diplomă. Am realizat că, subconștient, ideile « Să-
nătății... » nu se refereau numai la prezent, ci erau ancorate
într-un trecut mult mai îndepărtat.

Ca lucrurile să devină și mai interesante, cam în același
timp, aventura intelectuală a autorului H.-R. Patapievici —
unul, deși nu cel mai important obiect de analiză din « Se-
cretul... » — lua o nouă turnură. Publicarea cărții sale *Omul
recent* stîrnea o interesantă dezbatere socială și intelectuală.
Fascinante erau, mai ales, recenziile și luările de poziție îm-
potriva lui Patapievici. Unele dintre ele urmau contururile
forțelor de atracție și respingere emanate de grupurile de
prestigiu. Mișcarea îmi aducea aminte de un experiment de
fizică din clasa a VII-a ori a VIII-a, în care o grămăjoară de
pilitură de fier devenea o elegantă hartă, descriind două
grupuri de cercuri concentrice care făceau vizibilă emanația
electromagnetică. Cum arăt însă în versiunea « Secretului... »
din acest volum, reacția la cartea lui H.-R. Patapievici în 2002
mi s-a părut *și* diferită față de momentul recepției cunoscu-
tului autor în 1996. Ea a fost mult mai subtilă și mai inci-
sivă, în mai mare măsură bazată pe fapte, deși nu neapărat
nepartizană.

În acest context, scopul acestui volum este să continue
dezbaterea de idei folosind instrumentarul care îmi este cel

mai la îndemînă : sociologia şi istoria ideilor. Aceasta este prin-
cipala justificare a tonului eseistic şi a ancorării atît de puter-
nice în contemporaneitate a majorităţii eseurilor din acest
volum. Ele pot fi însă interpretate, cum s-a şi întîmplat, ca
o încercare de « răfuială » cu presupuşi inamici. O autoare
din România nu a ezitat, de altfel, folosind propria mea teo-
rie a grupurilor de prestigiu, să mă acuze pe mine de compor-
tamentele pe care le descriu în volum, comportamente pe
care le-aş folosi pentru « a-l rade » pe H.-R. Patapievici. Cul-
mea ironiei, autoarea nu menţiona nicăieri că ideea în numele
căreia eram executat îmi aparţinea. Cum ar veni, eram spîn-
zurat cu propria-mi funie.

Unii ar putea interpreta pe aceeaşi linie a răfuielii perso-
nale faptul că eseul meu a fost rezumat de suplimentul lite-
rar şi artistic al *Adevărului* în 1998. Fiind cunoscute atacurile
virulente ale ziarului la adresa lui H.-R. Patapievici de pe
poziţiile naţionalismului, unii ar putea crede că sînt membru
al unei cabale a neotradiţionaliştilor români. Cu toate că
rezumatul – trebuie să recunosc – a folosit, în general, un ton
neutru, a fost făcut fără a mi se cere acordul prealabil şi fără
compensare. Mai mult, rezumatul punea accentul pe « cazul
Patapievici » ca unic exemplu al modului în care funcţionea-
ză grupurile de prestigiu, singularizînd un anume grup pe
scena intelectuală românească, deşi acela era numai unul din-
tre grupurile pe care le discutam în eseu. Adrian Păunescu ori
Mircea Muşat şi Ion Ardeleanu, doi istorici-cenzori de faimă
comunistă, figurează şi ei în analiză, dar sînt mai puţin
pomeniţi în sumarul *Adevărului*. Generaţia '80, faţă de care
am o anume simpatie intelectuală, şi chiar propriul meu grup
formator, « grupul de la Braşov », sînt, de asemenea, discu-
tate critic, dar sumarul ignoră aceste aspecte.

În esenţă, vreau să afirm, fără nici o umbră de dubiu, că ar-
ticolul central şi/sau cele ce urmează nu au nici o poliţă de

plătit. Nu-l cunosc personal pe H.-R. Patapievici. Părerile mele sînt bazate strict pe ceea ce am citit de și despre el. Analizele mele nu se referă la persoana sa privată sau la caracterul său. La nivel personal, singurul lucru pe care îl știu cu siguranță este că a fost arestat în 1989 și dus la Jilava. Descrierea acelei experiențe, așa cum apare în *Politice*, m-a impresionat sincer.

Volumul de față este, așadar, o continuare a unei dezbateri de actualitate pe terenul istoriei ideilor și al antropologiei culturale. El se dorește a fi o critică globală, structurală, nu personală și parohială a lumii intelectuale românești. Timpul limitat și energia drămuită fac ambițiile tematice să fie circumscrise la unele probleme, și anume la cele legate de justificarea procesului de modernizare a României. Ambițiile metodologice sînt însă ceva mai mari, pentru că încerc să operaționalizez natura profundă a structurilor sociale intelectuale paramoderne.

Cred că acest volum, ca încercare de istorie a ideilor, nu este izolat în spațiul cultural din România. Citez în paginile lui cartea fostului meu profesor Lucian Boia[312], *Istorie și mit în conștiința românească*. Regăsesc în ea, ca un arheolog, originea unora dintre ideile mele, cea mai importantă fiind aceea a relativismului istoric. Ea ar putea fi rezumată în principiul că fiecare epocă își pune problemele în modul în care le înțelege. Mai mult, explicațiile despre resorturile mentale și sociale ale ideilor trecutului trebuie date în termenii actorilor timpului. Aceste idei duc la o alta, și anume la aceea că istoria nu este una, ci este o sumă de istorii personale sau de grup, etajate temporal. Adept al teoriei weberiene a istoriei, care pune accentul pe înțelegerea faptelor și actelor istorice în contextul și sensul lor original, eu mă limitez la discutarea

---

[312] Lucian Boia — *Istorie și mit în conștiința românească, op. cit.*

opţiunilor social-politice în funcţie de înţelesul care l-au avut
în timpul lor. Aceasta nu înseamnă triumful relativismului.
Actele istorice au consecinţe în timp şi, ca persoane angajate
într-un prezent format de trecut, nu putem să ignorăm fap-
tul că lumea în care trăim este produsul celor care ne-au
precedat şi că trebuie să primim sau să respingem critic moş-
tenirea lor.

Nu trebuie deci, din pură solidaritate etnică sau istorică, să
păstrăm sau să acceptăm tot ce ne vine din trecut, chiar dacă
opţiunile strămoşilor au fost cele mai bune *pentru ei*. Este cazul
liberalismului românesc.[313] Bune, rele – cum spunea E. Lovi-
nescu în *Istoria civilizaţiei române*[314] –, instituţiile occidentale
i-au pus pe români pe un făgaş european care, pentru actorii
timpului, era de preferat celui turco-rusesc sau local-tradiţional.
Din variate motive însă, ideile liberale « profunde », cum ar fi
acelea ale democraţiei participative şi ale egalităţii de condiţii
şi şansă, nu au fost transpuse în totalitate în România. Libera-
lismul, aşa cum îl înţelegem şi-l dorim astăzi, este radical diferit
de liberalismul românesc al secolului al XIX-lea. El este mult
mai interesat de rolul individului în societate, de buna funcţio-
nare a pieţei şi de democraţia populară. El înseamnă respect
pentru omul de rînd, pentru capacitatea sa de a-şi da răspun-
suri la propriile sale probleme existenţiale, de a face greşeli chiar.
La 1848, liberalismul a fost echivalat cu libertatea naţiunii, cu
independenţa. După 1878, odată ţelul atins, adîncirea şi pre-

---

[313] Mă simt obligat să fac o precizare de natură personală. Sînt de
acord cu unele idei liberale clasice, mai ales cu cele care funda-
mentează societatea americană. Cred la fel de sincer însă că liberalii
istorici români, deşi oneşti în proiectele lor de reformă socială, au
avut limite, care, din motivele descrise mai sus, nu pot fi ignorate.
[314] E. Lovinescu – *Istoria civilizaţiei române moderne, op. cit.*

cizarea liberalismului a întîrziat sau a deviat către naționalism. Libertatea și demnitatea personală a țăranului și a românului de rînd, ca persoane, nu ca mitice arhetipuri, au fost mai mult folosite ca obiect de propagandă decît ca idealuri sociale. Comuniștii, dar mai ales autohtoniștii, începînd cu Eminescu, au profitat de acest loc liber în spectrul ideologic. Ei au exploatat greșeala vechiului *establishment*, propunînd un ideal social și politic care se adresa omului de rînd. Dar, în cele din urmă, și ei au eșuat în a da o reală voce celor de jos, văzuți ca indivizi. În orice formulă au făcut-o (ortodoxistă, carlistă, legionară, naționalist-comunistă), populismul lor a fost doar atît: un colectivism atent la nevoile grupului și neinteresat de rolul individului.

O să închei tot cu o anecdotă. Cînd discut cu studenții mei americani despre inechitate socială, le aduc uneori aminte că eliberarea fizică și juridică a sclavilor negri americani a avut loc la numai un an de la eliberarea economică a țăranilor români albi dintr-o situație de servaj *de facto*, aceea a obligațiilor de clacă. O fac nu atît ca să-i consolez pe ei, îndeosebi pe cei de culoare, ci mai degrabă ca să-mi aduc aminte de unde am plecat. Conform mai multor studii, în timpul comunismului, copiii de intelectuali aveau șanse mult mai mari decît cei de țărani de a face studii superioare în România. Intelectualitatea română a fost cea mai capabilă – după ridicarea interdicțiilor ideologice impuse fiilor de «burghezi» să studieze la universitate – să-și transfere privilegiile sociale următoarei generații. În România anilor '70, intelectualitatea, deși cea mai mică proporțional în Estul Europei, avea cea mai mare capacitate de a se reproduce pe sine[315]. Cred că aceasta este urmarea directă a elitismului in-

---

[315] Walter D. Connor – *Socialism, Politics, and Equality : Hierarchy and Change in Eastern Europe and the USSR*, Columbia University Press, New York, 1979.

telectualității române, care, deși nu strălucește prin unicitate în Europa (unii ar spune că este una dintre multele moșteniri franceze), aparține spațiului cultural românesc și trebuie tratată ca atare. Astăzi citesc cu îngrijorare în ziare cum elevii din lumea rurală moldovenească au șanse din ce în ce mai mici să meargă să studieze la un liceu din oraș. Tendința de moștenire a pozițiilor sociale continuă la nivelul elitelor politice, dar și intelectuale. Copiii de intelectuali au în continuare mai multe șanse de a ajunge intelectuali decît cei de țărani sau de muncitori[316]. Tot din presă mai aflu că titlurile universitare, de multe ori occidentale, au devenit un fetiș și că puterea economică și politică este transferată în educația fiilor și fiicelor actualilor potentați români. Totul mă face să cred că elitismul, grupurile care-i dau viață, teoriile care-l justifică și consecințele lui istorice alimentează încă un subiect de discuție viu și care nu va dispărea prea curînd.

---

[316] Corneliu Cârțână – « Mobilitatea socială în România », *Sociologie românească*, 1, 2000.

Bibliografie

★★★ – « Vadim turnător », *Ziua*, 3 noiembrie 2003, dispo-
nibil la http://www.ziua.ro/search.php ?class=2003&id=
31130&kword=vadim&style=3.

Aligică, Dragoș Paul – « Liberalismul economic », *in Doc-
trine politice* (ed. Alina Mungiu), Editura Polirom, Iași, 1998.

Almond, Gabriel Abraham și Sidney Verba – *The Civic
Culture : Political Attitudes and Democracy in Five Nations*, ed.
nouă, Sage Publications, Newbury Park, 1989.

Amin, Samir – *Capitalism in the Age of Globalization the Ma-
nagement of Contemporary Society*, Zed Books, Londra, Atlan-
tic Highlands, 1997.

Andreescu, Gabriel – « Omul recenzat », *Observator cultu-
ral*, 5-12 februarie 2002.

Bălcescu, Nicolae – *Opere, texte, note și materiale* (ed. Gheor-
ghe Zane și Elena Zane), vol. 2, Editura Academiei, Bucu-
rești, 1974.

Bălcescu, Nicolae – *Românii supt Mihai-Voievod Viteazul*,
Editura 100+1 Gramar, București, 2002.

Baldwin, David A. – *Neorealism and Neoliberalism : the Con-
temporary Debate. New directions in world politics*, Columbia
University Press, New York, 1993.

Băleanu, V.G. – *A clear and present danger to democracy : the
new Romanian security services are still watching* (pagină de Web),
Federation of American Scientists, Intelligence Resource
Program, 1995 (citat la 24 aprilie 2003), disponibil la http://
www.fas.org/irp/world/romania/csrc12045.htm.

Banfield, Edward C. – *The Moral Basis of a Backward Society*, Free Press, New York, 1967.

Barber, Benjamin – « The new telecommunications technology : endless frontier of the end of democracy ? », *Constellations*, 4, nr. 2, 1997.

Barber, Benjamin – *Strong Democracy. Participatory Politics for a New Age*, University of California Press, Berkeley, 1984.

Barber, Benjamin R. – *Jihad vs. McWorld*, Ballantine Books, New York, 1995.

Barbrook, Richard și Andy Cameron – *The Californian Ideology* (pagină de Web), 1995 (citat la 5 august 1999), disponibil la http://www.wmin.ac.uk/media/HRC/ci/calif5.html.

Baudrillard, Jean – *Simulacra and Simulation. The Body, in Theory*, University of Michigan Press, Ann Arbor, 1994.

Baylis, John și Steve Smith – *The Globalization of World Politics : an Introduction to International Relations*, Oxford University Press, New York, 1997.

Bell, Daniel – *The Cultural Contradictions of Capitalism*, Basic Books, New York, 1976/1996.

Bellah, Robert N., Richard Madsen, William Sullivan, Ann Swidler și Steven M. Tipton – *Habits of the Heart. Individualism and Commitment in American Life*, University of California Press, Berkeley, 1985/1996.

Benda, Harry – « Non-western intelligentsias as political elites », *in Political Sociology. A Reader* (ed. S.N. Eisenstadt), Basic Books, New York, 1971.

Berman, Marshall – *All that Is Solid Melts into Air : the Experience of Modernity*, Simon and Schuster, New York, 1982.

Betea, Lavinia – *Lucrețiu Pătrășcanu : moartea unui lider comunist, studiu de caz*, Editura Humanitas, București, 2001.

Blancornelas, Jesús – *El cártel : los Arellano Félix, la mafia más poderosa en la historia de América Latina*, 1a ed., Plaza y Janés, México, D.F., 2002.

Bloom, Allan David – *The Closing of the American Mind*, Simon & Shuster, New York, 1987.

Boia, Lucian – *Două secole de mitologie națională*, Editura Humanitas, București, 1999.

Boia, Lucian – *Istorie și mit în conștiința românească*, Editura Humanitas, București, 1997.

Bourdieu, Pierre și Randal Johnson (ed.) – *The Field of Cultural Production : Essays on Art and Literature*, Columbia University Press, New York, 1993.

Brătianu, Ion C. – *Acte și cuvîntări*, Editura Cartea Românească, București, 1935.

Breazu, Ion – *Michelet și Românii*, Tipografia CR, Cluj, 1935.

Broad, Dave – « New world order versus just world order », *Social Justice*, 25, nr. 2, 1998.

Brooks, David – *Bobos in Paradise : The New Upper Class and How They Got There*, Simon & Schuster, New York, 2000.

Brown, Victoria F. – « The adaptation of a Western political theory in a peripheral state » *in Romania between East and West : Historical Essays in Memory of C.C. Giurăscu* (ed. Stefan Fisher-Galati, Radu Florescu și Grigore R. Ursul), Eastern European Monographs, Columbia University Press, Boulder, 1982.

Bulei, Ion – *Conservatori și conservatorism în România*, Editura Enciclopedică, București, 2000.

Bulei, Ion – *Sistemul politic al României moderne*, Editura Politică, București, 1987.

Buttimer, Anne, Stanley D. Brunn și Ute Wardenga – *Text and Image : Social Construction of Regional Knowledges. Beiträge zur regionalen Geographie*, 49, Institut für Länderkunde, Leipzig, 1999.

Calhoun, Craig – « Community without propinquity revisited : Communications technology and the transformation of the urban public sphere. » *Sociological Inquiry*, 68, nr. 3, 1998.

Campbell, J.G. – *French Influence on the Rise of the Roumanian Nationalism*, Arno Press, New York, 1971.

Caragiale, Ion Luca – *Opere* (ed. Șerban Cioculescu), vol. 5, Editura Fundațiilor Regale pentru Litere și Artă Regele Carol II, București, 1938.

Caragiale, Ion Luca – *Opere.*, vol. 4, Editura pentru Literatură, București, 1965.

Carp, Petru P. – *Discursuri politice*, București, 1895.

Cârțână, Corneliu – « Mobilitatea socială în România », *Sociologie românească*, 1, 2000.

Cazimir, Ștefan – *Caragiale față cu kitsch-ul*, Editura Cartea Românească, București, 1988.

Chase-Dunn, Christopher K. – *Global Formation : Structures of the World-Economy*, ed. actualizată, Rowman & Littlefield Publishers, Lanham, 1998.

Chirot, Daniel – « A Romanian prelude to contemporary debates about development », *Review*, 2, nr. 1, 1978.

Chirot, Daniel – *Social Change in a Peripheral Society : the Creation of a Balkan Colony*, Academic Press, New York, 1976.

Clawson, Patrick și Rensselaer W. Lee – *The Andean Cocaine Industry*, St. Martin's Press, New York, 1996.

Cockburn, Andrew, Leslie Cockburn și PBS Video – *Inside the Cartel*, înregistrare video, PBS Video, Alexandria, 1990.

Comte, Auguste și Gertrud Lenzer (ed.) – *Auguste Comte and Positivism : the Essential Writings*, Transaction Publishers, New Brunswick, 1998.

Comte, Auguste și Harriet Martineau (ed.) – *The Positive Philosophy of Auguste Comte*, Thoemmes, Bristol, 2001.

Confino, Michael – « On intellectuals and intellectual traditions in 18th and 19th century Russia », *in Daedalus*, primăvara, 1972.

203

Connor, Walter D. – *Socialism, Politics, and Equality : Hierarchy and Change in Eastern Europe and the USSR*, Columbia University Press, New York, 1979.

Constantiniu, Florin – *PCR, Pătrășcanu și Transilvania : 1945-1946*, Editura Enciclopedică, București, 2001.

Cornea, Paul – *Originile romantismului românesc*, Editura Minerva, București, 1972.

Crăiuțu, Aurelian – « A fi sau a nu fi liberal », *in Doctrine Politice : concepte universale și realități românești* (ed. Alina Mungiu), Editura Polirom, Iași, 1998.

Davis, Joseph E. – *Identity and Social Change*, Transaction Publishers, New Brunswick, 2000.

Djuvara, Neagu M. – *Între Orient și Occident : Țările Române la începutul epocii moderne (1800-1848)*, Editura Humanitas, București, 1995.

Dobrescu, Caius – *Inamicul impersonal*, Editura Paralela 45, Pitești, 2001.

Dobrescu, Caius – *Modernitatea ultimă : eseuri*, Editura Univers, București 1998.

Durkheim, Émile – *The Division of Labor in Society*, Free Press, New York, 1984.

Featherstone, Mike – *Cultural Theory and Cultural Change*, Sage Publications, Londra, Newbury Park, 1992.

Featherstone, Mike – *Global Culture : Nationalism, Globalization, and Modernity : a Theory, Culture & Society Special Issue*, Sage Publications, Londra, Newbury Park, 1990.

Featherstone, Mike – *Undoing Culture : Globalization, Postmodernism and Identity*, Sage Publications, Londra, 1995.

Featherstone, Mike, Scott Lash, și Roland Robertson – *Global Modernities, Theatre, Culture & Society*, Sage Publications, Londra, 1995.

Filitti, Ioan C. – « Clasele sociale în trecutul românilor », *Arhiva pentru știința și reforma socială*, 6, nr. 3-4, 1925.

Gately, William și Yvette Fernández – *Dead Ringer : an Insider's Account of the Mob's Colombian Connection*, D.I. Fine, New York, 1994.

George, Alexandru – « Liberalismul românesc în specificitatea lui istorică », *in Doctrine politice* (ed. Alina Mungiu), Editura Polirom, Iași, 1998.

Georgescu, Vlad – *Istoria ideilor politice românești, 1369-1878*, Editura Jon Dumitru, München, 1987.

Georgescu, Vlad – *Mémoires et projets de réforme dans les principautés roumaines, 1831-1848 : répertoire et textes avec un supplément pour les années 1769-1830*, vol. 5, *Études et documents concernant le Sud-Est européen*, București, 1972.

Georgescu, Vlad – *Political Ideas and the Enlightenment in the Romanian Principalities, 1750-1831*, Boulder Colo., East European quarterly, distrib. Columbia University Press, New York, 1971.

Gherea, Constantin Dobrogeanu- – *Opere*, Editura Politică, București, 1978.

Giddens, Anthony – *Beyond Left and Right. The Future of Radical Politics*, Polity Press, Cambridge, 1994.

Giddens, Anthony – *The Consequences of Modernity*, Stanford University Press, Stanford, 1990.

Giddens, Anthony – *Modernity and Self-Identity : Self and Society in the Late Modern Age*, Stanford University Press, Stanford, Calif., 1991.

Giddens, Anthony – *Runaway World : How Globalization Is Reshaping Our Lives*, Routledge, New York, 2000.

Grusky, David B. – *Social Stratification : Class, Race, and Gender in Sociological Perspective*, Social Inequality Series, Westview Press, Boulder, 1994.

Hay, Colin și David Marsh – *Demystifying Globalization, Globalization and Governance*, Macmillan, Houndmills Basingstoke, Hampshire, 2000.

205

Held, David, Anthony McGrew, David Goldblatt, și Jonathan Perraton – *Global Transformations*, Stanford University Press, Stanford, 1999.

Heliade-Rădulescu, Ion – *Opere* (ed. D. Popoviciu), vol. 2, București, 1943.

Henegariu, Nicolae și Mihai Giugariu – *Principiul bumerangului : documente ale procesului Lucrețiu Pătrășcanu*, Editura Vremea, București, 1996.

Ibrăileanu, Garabet – *Spiritul critic în cultura românească*, Editura Litera, Chișinău, 1997.

Inkeles, Alex – *Exploring individual modernity*, Columbia University Press, New York, 1983.

Inkeles, Alex – *One world emerging ?*, Westview Press, Boulder, 1998.

Ionescu-Quintus, Mircea – *Liberal din tată-n fiu*, Editura Vitruviu, București, 1996.

Jacoby, Russell - *The Last Intellectuals : American Culture in the Age of Academe*, Basic Books, New York, 1987.

Janos, Andrew C. – *East Central Europe in the Modern World : the Politics of the Borderlands from Pre- to Postcommunism*, Stanford University Press, Stanford, 2000.

Janos, Andrew C. – « Gentry in the modern world. The Romanian boyars and Hungarian nobles in the rising national state », comunicare prezentată la Asociația Internațională de Studii Sud-Est Europene, al treilea Congres Internațional, București, 1974.

Jowitt, Kenneth – *The Leninist Response to National Dependency*, Institute of International Studies University of California, Berkeley, 1978.

Jowitt, Kenneth – *Revolutionary Breakthroughs and National Development ; the Case of Romania, 1944-1965*, University of California Press, Berkeley, 1971.

Jowitt, Kenneth și University of California Berkeley, Institute of International Studies – *Social Change in Romania,*

1860-1940 : a Debate on Development in a European Nation, Institute of International Studies University of California, Berkeley, 1978.

Judt, Tony – « Romania : bottom of the heap », *The New York Review of Books*, 17, 1 noiembrie 2001.

Kaplan, Robert D. – *The Coming Anarchy : Shattering the Dreams of the Post Cold War*, 1a ed., Vintage Books, New York, 2001.

Kaplan, Robert D. – *Eastward to Tartary : Travels in the Balkans, the Middle East, and the Caucasus*, 1a ed., Random House, New York, 2000.

Konrad, Gyeorgy și Ivan Szelenyi – *The Intellectuals on the Road to Class Power*, 1a ed., Harcourt Brace Jovanovich, New York, 1979.

Kristol, Irving – *Neoconservatism. The Autobiography of an Idea*, The Free Press, New York, 1995.

Lasch, Christopher – *The Culture of Narcissism : American Life in an Age of Diminishing Expectations*, Norton, New York, 1991.

Lazăr, Marius – *Paradoxuri ale modernizării : elemente pentru o sociologie a elitelor culturale românești*, Limes, Cluj-Napoca, 2002.

Lăzărescu, Dan A. – *Introducere în istoria liberalismului european și în istoria Partidului Național-Liberal din România*, Editura Viitorul Românesc, București, 1996.

Lefter, Ion Bogdan – « Pe altă spirală a istoriei », *Observator cultural*, 5-12 februarie 2002.

Lévi-Strauss, Claude – *Structural Anthropology*, Basic Books, New York, 1963.

Lovejoy, Arthur O. – *The Great Chain of Being : A Study of the History of an Idea*, Harvad University Press, Cambridge, 1936.

Lovinescu, Eugen – *Istoria civilizației române moderne*, Editura Minerva, București, 1992.

Maiorescu, Titu – *Critice* (ed. D. Filimon Stoicescu), vol. 2, Editura pentru Literatură, București, 1967.

Maiorescu, Titu – *Discursuri parlamentare cu privire asupra desvoltării politice a României sub domnia lui Carol I*, Socec & Co., București, 1897.

Maiorescu, Titu – *Însemnări zilnice*, Socec & Co., București, 1936-1943.

Marx, Karl – *Selected Writings* (ed. David McLellan), Oxford University Press, Oxford, 1977.

Matei, Sorin – «The Internet as magnifying glass : marital status and on-line social ties», *The Public*, 10, nr. 1, 2003.

Matei, Sorin – «The magnifying glass effect. Negotiating individualism and community on the Internet» (teza de doctorat), University of Southern California, 2001.

Matei, Sorin și Sandra Ball-Rokeach – «Real and virtual social ties : connections in the everyday lives of seven ethnic neighborhoods», *American Behavioral Scientist*, 45, nr. 3, 2001.

Matei, Sorin și Peter Monge – «Globalization, Communication and Democracy 1989-1999», *Sfera Politicii*, nr. 10, 18-24 octombrie 2003.

Michelet, Jules – *The People*, University of Illinois Press, Urbana-Champaigne, 1973.

Miroiu, Adrian – «Un eseu : *Omul recent*», *Observator cultural*, 5-12 februarie 2002.

Mises, Ludwig von – *Capitalismul și dușmanii săi : ce înseamnă laissez-faire ?* (trad. Dan Cristian Comănescu), Editura Nemira, București, 1998, disponibil la http://www.mise-romania.org

Mittelman, James H. – *Globalization : Critical Reflections*, vol. 9, *International political economy yearbook*, Lynne Rienner Publishers, Boulder, 1996.

Monge, Peter – «Communication structures and processes in globalization», *Journal of Communication*, 48, 1998.

Muşat, Mircea şi Ion Ardeleanu – *România după Marea Unire*, Editura Ştiinţifică şi Enciclopedică, Bucureşti, 1986.

Muşina, Alexandru – « Cuvente den bătrîni. Să devii ceea ce eşti », *Interval*, 1999, (pagină Web) http://members.tripod.com/interval/10-99/.

Muşina, Alexandru – *Unde se află poezia ?* (ed. Al. Cistelecan), *Ţinte în mişcare*, Editura Arhipelag, Târgu Mureş, 1996.

Murăraşu, Dumitru – *Naţionalismul lui Eminescu*, Editura Atos, Bucureşti, 1999.

Negroponte, Nicholas – *Being Digital*, 1a ed., Knopf, New York, 1995.

Nemoianu, Virgil – *România şi liberalismele ei : atracţii şi împotriviri*, Editura Fundaţiei Culturale Române, Bucureşti, 2000.

Nemoianu, Virgil – *The Taming of Romanticism : European Literature and the Age of Biedermeier*, Harvard University Press, Cambridge, 1984.

Ohmae, Kenichi – *The End of the Nation State : the Rise of Regional Economies*, Free Press, New York, 1995.

Ornea, Z. – *Junimea şi junimismul*, Editura Eminescu, Bucureşti, 1978.

Oţetea, Andrei – *Tudor Vladimirescu şi revoluţia din 1821*, Editura Ştiinţifică, Bucureşti, 1971.

Panitch, Leo – « The state in a changing world : social democratizing global capitalism ? », *Monthly Review*, 5 octombrie 1998, disponibil la http://www.lexis-nexis.com/universe.

Patapievici, H.-R. – *Cerul văzut prin lentilă*, Editura Nemira, Bucureşti, 1995.

Patapievici, H.-R. – *Omul recent*, Editura Humanitas, Bucureşti, 2001.

Patapievici, H.-R. – *Politice*, Editura Humanitas, Bucureşti, 1996.

Patapievici, H.-R. – *Zbor în bătaia săgeţii : eseu asupra formării*, Editura Humanitas, Bucureşti, 1995.

Pătrășcanu, Lucrețiu – *Probleme de bază ale României*, Editura de Stat, București, 1946.

Pătrășcanu, Lucrețiu – *Un veac de frămîntări sociale : 1821-1907*, Editura Politică, București, 1969.

Pătrășcanu, Lucrețiu și Institutul de Studii Istorice și Social-Politice de pe lîngă CC al PCR – *Texte social-politice, 1921-1938*, Editura Politică, București, 1975.

Patriciu, Dinu și Horia Rusu – *Capitalismul românesc : un proiect*, Omega Press, București, 1998.

Petrescu, Dan – *În răspăr*, Editura Nemira, București, 2000.

Petrovici, Norbert – « Mitificare și demitificare : modernizarea valorilor culturale, mitul eminescian și dispute intelectuale în România postcomunistă », *Sociologie româneas-că*, 1-2, 2002.

Posner, Richard A. – *Public Intellectuals : a Study of Decline*, Harvard University Press, Cambridge, 2001.

Preda, Cristian – *Occidentul nostru*, Editura Nemira, București, 1999.

Preda, Cristian – *Staulul și sirena*, Editura Nemira, București, 2001.

Preda, Cristian – *Tranziție, liberalism și națiune*, Editura Nemira, București, 2001.

Pricop, Constantin – « Pentru o sociologie a reevaluărilor », *Contrapunct*, iulie-septembrie 1992.

Pye, Lucian W. și Sidney Verba – *Political Culture and Political Development*, Princeton University Press, Princeton, 1965.

Răduica, Grigore – *Crime în lupta pentru putere, 1966-1968 : ancheta cazului Pătrășcanu*, Editura Evenimentul Românesc, București, 1999.

Rădulescu, Mihail Sorin – *Elita liberală românească : 1866-1900*, Editurile All, București, 2002.

Rădulescu-Motru, C. – *Cultura română și politicianismul*, Scrisul Românesc, Craiova, 1995.

Rădulescu-Motru, Constantin − *Etnicul românesc : comunitate de origine, limbă și destin,* Editura Albatros, București, 1996.

Rădulescu-Motru, Constantin − *Românismul : catehismul unei noi spiritualități. Ideea românească,* Editura Științifică, București, 1992.

Rațiu, Anton − *Cumplita odisee a grupului Lucrețiu Pătrășcanu : adevăruri dureroase,* Editura Gestiunea, București, 1996.

Reich, Simon și Helen Kellogg Institute for International Studies − *What is globalization ? Four possible answers,* The Helen Kellogg Institute for International Studies, Notre Dame, Ind., 1998.

Rheingold, Howard − *Smart Mobs : the Next Social Revolution,* Perseus Publishing, Cambridge, 2002.

Robbins, Alexandra − *Secrets of the Tomb : Skull and Bones, the Ivy League, and the Hidden Paths of Power,* 1a ed., Little Brown, Boston, 2002.

Robins, Kevin − « Foreclosing on the city ? The bad idea of virtual urbanism », *in Technocities* (ed. John Downey și Jim McGuigan), Sage, Londra, 1999.

Rosetti, C.A. − *Gînditorul. Omul* (ed. Radu Pantazi), Editura Politică, București, 1969.

Rosetti, Radu − *Pentru ce s-au răsculat țăranii,* Editura Eminescu, București, 1987.

Sârbu, Lucian − *Cazul Patapievici* (pagină de Web) Lucian Sârbu, 2002 (citat la 1 martie 2003), disponibil la http:// electra.ifrance.com/electra/patapievici.htm.

Slouka, Mark − *War of the Worlds : Cyberspace and the High-Tech Assault on Reality,* Basic Books, New York, 1995.

Stahl, Henri H. − *Gînditori și curente de istorie socială românească* (e-book-pagină de Web), Universitatea București, 2002 (citat la 15 octombrie 2003), disponibil la http:// www.unibuc.ro/eBooks/Sociologie/henri/index.htm.

Stalin, Iosif Vissarionovici − *Materialismul dialectic și istoric,* Editura PRM, București, 1951.

Stan, Apostol – *Grupări și curente politice în România între Unire și Independență (1859-1877)*, Editura Științifică și Enciclopedică, București, 1979.

Stan, Apostol – *Putere politică și democrație în România : 1859-1918*, Editura Albatros, București, 1995.

Stoianovich, Traian – « The foundations of Balkan politics » *in The Balkans in Transition* (ed. Charles Jelavich și Barbara Jelavich), University of California Press, Berkley, 1963.

Șerbulescu, Andrei și G. Brătescu – *Actor în procesul Pătrășcanu : prima versiune a memoriilor lui Belu Zilber*, Editura Humanitas, București, 1997.

Tabb, William K. – « Globalization is an issue, the power of capital is the issue » *Monthly Review*, 49, nr. 2, 1997, disponibil la http://www.lexis-nexis.com/universe.

Tocqueville, Alexis de – *Despre democrație în America* (trad. Claudia Dumitriu), Editura Humanitas, București, 1995.

Triadnis, Harry – « The self and social behavior in differing cultural contexts » *Psychological Review*, 96, nr. 3, 1989.

Upton, Simon – *Europe and Globalisation on the Threshold of the 21st Century*, Zentrum für Europäische Integrationsforschung, Bonn, 1998.

Veblen, Thorstein – *The Theory of the Leisure Class*, Penguin Twentieth-Century Classics, Penguin Books, New York, 1994.

Verdery, Katherine – *Compromis și rezistență : cultura română sub Ceaușescu*, Editura Humanitas, București, 1994.

Waters, Malcolm – *Globalization. Key Ideas*, Routledge, Londra, New York, 1995.

Weber, Max – *From Max Weber : Essays in Sociology* (trad. H.H. & Mills Gerth, C.W.) Oxford University Press, New York, 1946.

Weber, Max – *The Protestant Ethic and the Spirit of Capitalism* (trad. Talcott Parsons), Routledge, Londra, 1992.

Weber, Max – *The Theory of Social and Economic Organization* (trad. Talcott & Henderson Parsons), vol. 1, Oxford University Press, New York, 1947.

Wellman, Barry – « Physical place and cyber place : the rise of personalized networks » *International Journal of Urban and Regional Research*, 25, nr. 2, 2001.

Wellman, Barry și Milena Gulia – « Net surfers don't ride alone : virtual communities as communities », *in Networks in the Global Village* (ed. Barry Wellman), Westview Press, Boulder, 1999.

Wuthnow, Robert – *The Consciousness Reformation*, University of California Press, Berkeley, 1976.

Wuthnow, Robert – *Loose Connections : Joining Together in America's Fragmented Communities*, Harvard University Press, Cambridge, 1998.

Wuthnow, Robert – *Sharing the Journey : Support Groups and America's New Quest for Community*, Free Press, New York, Toronto, 1994.

Zeletin, Ștefan – *Neoliberalismul : studii asupra istoriei și politicii burgheziei române*, ed. a 3a., Editura Scripta, București, 1992.

Zinoviev, Alexandr – *Homo Sovieticus*, Gollancz, Londra, 1985.

Cărți-eveniment

COMPANIA AMORULUI
în cele mai frumoase 100 de poeme românești
Antologie întocmită de Petru Romoșan

176 pagini   Preț : 19 RON

COPILĂRIA LA ROMÂNI
Schițe și tablouri cu prunci, școlari și adolescenți
Adrian Majuru

392 pagini și 48 pagini foto   Preț : 36 RON

« TÎNĂRA GENERAȚIE »
Crize vechi în haine noi. Cine sînt și ce vor tinerii români ?
Mircea Vulcănescu
Ediție îngrijită de Marin Diaconu

224 pagini   Preț : 15 RON

ÎN POTRIVA VEACULUI
Textele de avangardă (1926-1932)
Ionathan X. Uranus
Ediție îngrijită de Mariana Macri și Dorin-Liviu Bîtfoi

208 pagini   Preț : 18,5 RON

APUNAKE ȘI ALTE FENOMENE & AFARĂ-DE-UNU-SINGUR
Grigore Cugler
Cu o prefață de Florin Manolescu și ilustrații de Carmen Nistorescu

160 pagini   Preț : 16,5 RON

MULTIDICO DE ROMÂNĂ 7 DICȚIONARE ÎN 1
Florentina Șerbănescu și Zoița Geacă
Pentru concursuri, examene, redacții, administrații & comp.
Ediție nouă, actualizată după DOOM

328 pagini   Preț : 26 RON

EDITURA
compania

vă poate expedia catalogul său recent la
cerere. Toți cititorii interesați au posibilitatea
de a face comenzi directe foarte avantajoase
(prin scrisori, telefonic, prin fax, pe e-mail
sau pe Web), care vor fi livrate prin poștă,
cu plata ramburs. Taxele de expediere sînt
achitate de editură. Toate aceste comenzi
beneficiază de o reducere de 10 % din prețul
cărții. (Comenzile din străinătate au un regim
special, detaliat pe site.)

Pentru instituțiile de învățămînt, editura
acordă o reducere de 15 % în cazul tuturor
comenzilor grupate.

Informații editoriale se pot obține
la 223 23 28, fax 223 23 25,
e-mail : compania@rdslink.ro
www.compania.ro

Departamentul difuzare
răspunde la 223 23 37 și 223 23 24.

www.ingramcontent.com/pod-product-compliance
Lightning Source LLC
Chambersburg PA
CBHW070303290326
41930CB00040B/1882